バッティング完全版

監修 平野裕一
法政大学スポーツ健康学部教授

成美堂出版

本書の特長

特長1 科学・技術・身体の多角的アプローチでバッティングが生まれ変わる！

本書ではバッティングを向上させるため必要な知識を、主に科学・技術・身体という3つの視点で解説しています。「科学的にヘッドが走り、打球が強くなるスイング」や、「ボールを正確にとらえる技術的なコツ」、「スイングの土台をつくる筋力トレーニング」など、バッティングの正解に多角的アプローチをすることで、野球をはじめたばかりの初級者や伸び悩んでいる中級者、または指導者まで、幅広い層にとって有意義な一冊になっています。

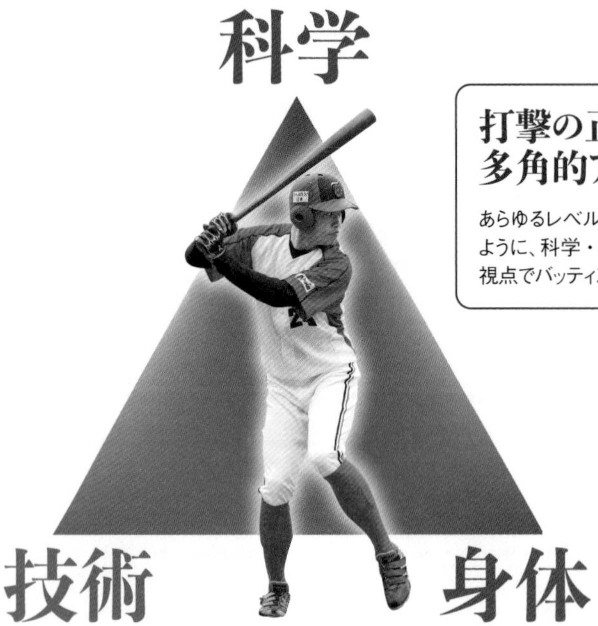

打撃の正解に多角的アプローチ

あらゆるレベルの打者が向上できるように、科学・技術・身体の3つの視点でバッティングを解説しています。

特長 2 トップ選手の試合写真でリアルな動きを確認できる！

本書では試合写真が随所に掲載されています。トップ選手の「かまえ」や、「トップの位置」、「前足のカベ」、「インパクト直前の目線」など、普段はなかなか見ることのできないシーンをみくらべることで、自分に足りないところや、似ているところなど、新たな気づきが生まれることでしょう。

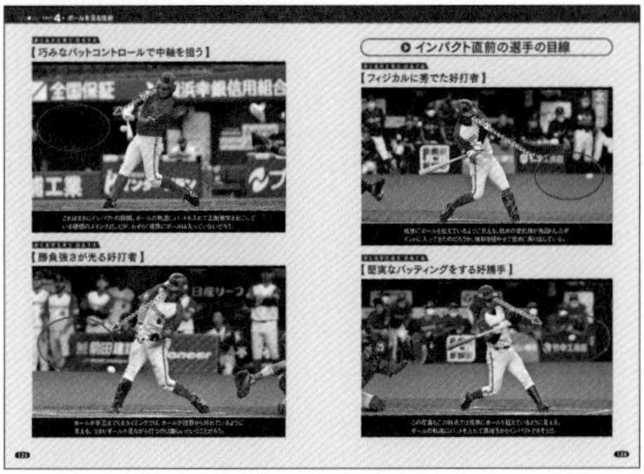

本書では多くのトップ選手のスイングの一コマを比較しながら見ることができます。

特長 3 強度別の筋力トレーニングであらゆる層の打者の基礎力を底上げ！

打球を遠くへ飛ばすには、背筋や下半身の筋力が必要になります。しかし、子どものうちからダンベルを持った筋力トレーニングなど強度の見合わないものは関節を痛める可能性もありおすすめできません。そのため本書では、同じ部位のトレーニングを3段階の強度で紹介しています。

トレーニング監修は、多くのプロ野球選手の自主トレ帯同経験のあるトレーナーが務めています。

本書の使い方

使い方　1見開き1テーマで技術を徹底解説！

掲載写真のテーマはここに掲載しています。

この見開きで解説している動作のなかで重要なことを、一言で「POINT」として掲載しています。

見開きで最も重要なことはここに掲載しています。

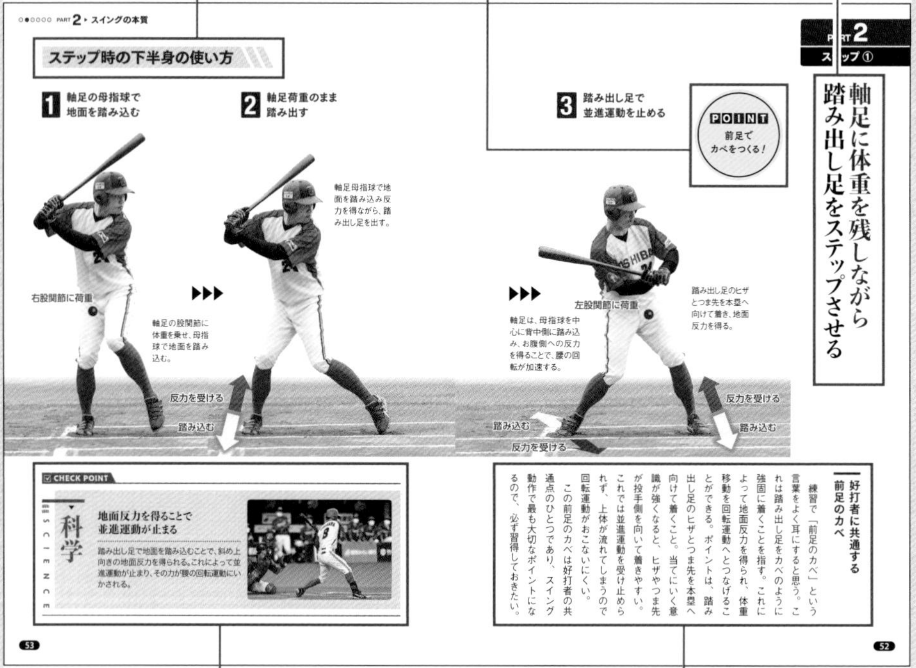
○●○○○○ PART 2 ▸ スイングの本質

PART 2
ステップ①

軸足に体重を残しながら踏み出し足をステップさせる

ステップ時の下半身の使い方

1 軸足の母指球で地面を踏み込む

右股関節に荷重

軸足の股関節に体重を乗せ、母指球で地面を踏み込む。

2 軸足荷重のまま踏み出す

軸足母指球で地面を踏み込み反力を得ながら、踏み出し足を出す。

反力を受ける
踏み込む

3 踏み出し足で並進運動を止める

POINT
前足でカベをつくる！

左股関節に荷重

軸足は、母指球を中心に背中側に踏み込み、お腹側への反力を得ることで、腰の回転が加速する。

踏み出し足のヒザとつま先を本塁へ向けて着き、地面反力を得る。

踏み込む
反力を受ける
反力を受ける
踏み込む

好打者に共通する前足のカベ

練習で「前足のカベ」という言葉をよく耳にすると思う。これは踏み出し足をカベのように強固に着くことを指す。これによって地面反力を得られ、体重移動を回転運動へとつなげることができる。ポイントは、踏み出し足のヒザとつま先を本塁へ向けて着くこと。当てにいく意識が強くなると、ヒザやつま先が投手側を向いて着きやすい。これでは並進運動を受け止められず、上体が流れてしまうので回転運動がおこないにくい。

この前足のカベは好打者の共通点のひとつであり、スイング動作で最も大切なポイントになるので、必ず習得しておきたい。

CHECK POINT

科学 SCIENCE

地面反力を得ることで並進運動が止まる

踏み出し足で地面を踏み込むことで、斜め上向きの地面反力を得られる。これによって並進運動が止まり、その力が腰の回転運動にいかされる。

53

52

主に科学・技術・身体のいずれかの視点で、この見開きで重要なポイントを補完しています。

このテーマの説明が書かれています。

各章の内容

PART4 ボールの見方

打てるボールの見方がわかる！

ボールの見方を解説しています。ボールの見方は技術であり、練習をすることで向上させることもできます。

PART5 バッティング弱点克服ドリル

弱点を克服する！

練習ドリルを紹介しています。自分の弱点となるバッティング動作が克服できるものがあれば取り組んでみてください。

PART6 打者に最適な筋力トレーニング

基礎力を底上げする！

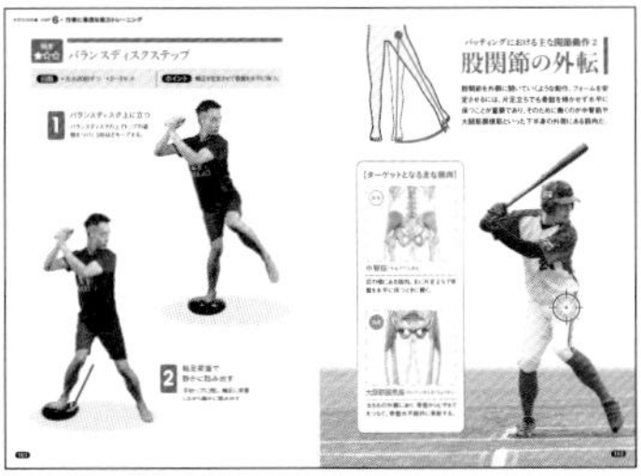

バッティングを関節動作ごとにわけ、その動作の主働筋をターゲットとした筋力トレーニングを3つの強度で解説しています。

PART1 フォームをつくる

自分に合った型が見つかる！

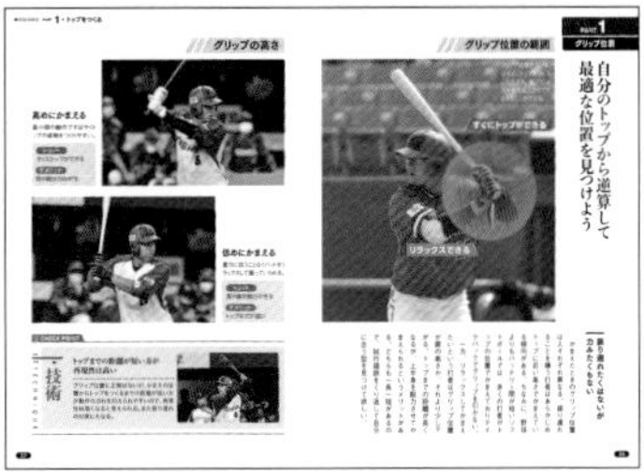

かまえからトップまでを時系列で解説しています。かまえに唯一の正解はないので、自分に合う型を見つけましょう。

PART2 スイングの本質

好打者の共通点はココで確認！

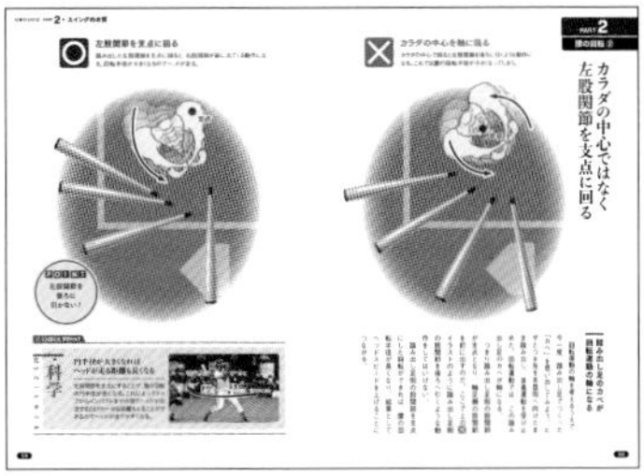

トップからフォロースルーまでを時系列で解説しています。ここには好打者の共通点がたくさんあります。

PART3 スイング軌道を探求する

実戦スイングがわかる！

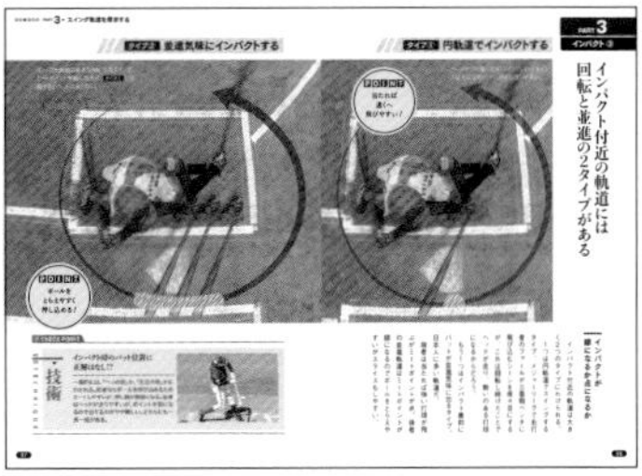

スイング軌道と、コースや高さへの対応について解説しています。PART1と2をバッティングの基礎としたら、ここは応用になります。

CONTENTS
バッティング完全版

本書の特長 …… 2
本書の使い方 …… 4

OPENING
バッティングの原動力
バットを振る力は地面からもらう! …… 12

PART 1 トップをつくる …… 23

トップのつくり方に正解はない
自分に合う型を見つけよう …… 24
バッティング動作を2つの局面にわけて考えてみよう …… 26
バットの握り① …… 28
バットの握り② …… 30
スタンス …… 32
立つ位置 …… 34
グリップ位置 …… 36
さまざまな選手のかまえ 右打者 …… 38
さまざまな選手のかまえ 左打者 …… 40
テイクバック …… 42
トップ …… 44

試合前にもう一度！ ココだけはチェック ☑ …… 46

PART 2 スイングの本質 …… 49

好打者に共通しているスイングの本質を探究しよう …… 50
ステップ① …… 52
ステップ② …… 54
腰の回転① …… 56
腰の回転② …… 58

TOPICS 1 今一度バッティングにおける「カベ」の重要性を確認しよう …… 60

さまざまな選手の踏み出し足のカベ …… 62
連続写真で見る踏み出し足のカベ …… 64
腕の使い方① …… 66
腕の使い方② …… 68
腕の使い方③ …… 70
さまざまな選手の腕の使い方 右打者 …… 72
さまざまな選手の腕の使い方 左打者 …… 74

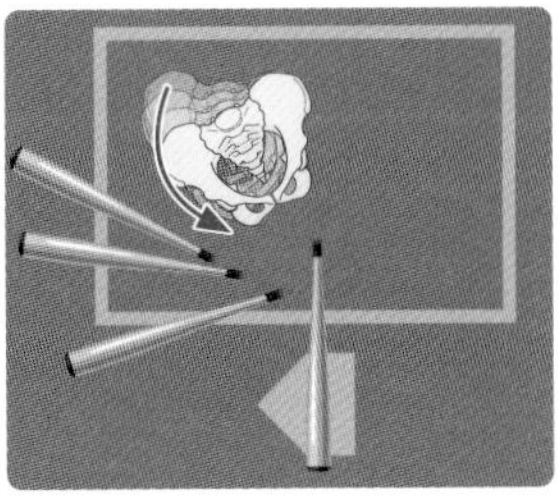

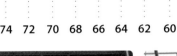

バント 76
さまざまな選手のバント 78
試合前にもう一度！ ココだけはチェック☑ 80

PART 3 スイング軌道を探求する 83
打球をより遠くへ飛ばすための スイング軌道を身につけよう 84
スイング軌道① 86
スイング軌道② 88
スイング軌道③ 90
インパクト① 92
インパクト② 94
インパクト③ 96
好打者のマルチアングルスイング軌道 98
コースへの対応 100
インコースとアウトコースのスイング 102
高さへの対応 104
好打者の高めのスイング 106

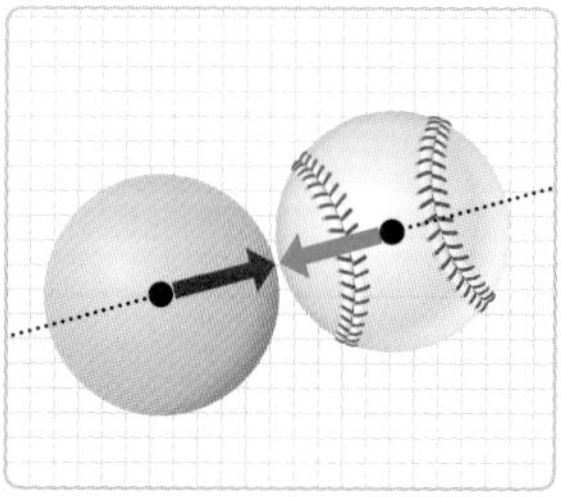

好打者の低めのスイング …… 108

試合前にもう一度！ ココだけはチェック☑ …… 110

PART 4
ボールを見る技術 …… 113

向かってくるボールを見る技術を磨いていこう …… 114

TOPICS 2
Q ボールを最後まで見続けることは可能なのか!? …… 116

ボールの見方① …… 118

ボールの見方② …… 120

ボールの見方③ …… 122

インパクト直前の選手の目線 …… 124

TOPICS 3
Q 振るか振らないかはどのタイミングで判断する!? …… 126

打者の反応 …… 128

試合前にもう一度！ ココだけはチェック☑ …… 130

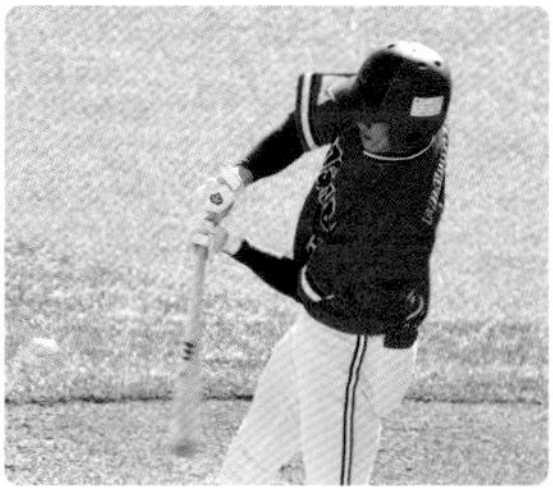

PART 5 バッティング弱点克服ドリル …… 133
弱点克服ドリル1 下半身を使う感覚をつかむドリル …… 134
弱点克服ドリル2 カベをつくる感覚をつかむドリル …… 140
弱点克服ドリル3 ヘッドを下げない感覚をつかむドリル …… 144
弱点克服ドリル4 インサイドアウト軌道を身につけるドリル …… 148
PART 6 打者に最適な筋力トレーニング …… 153
バッティングにおける主な関節動作 …… 154
バッティングにおける主な関節動作① 股関節の伸展 …… 156
バッティングにおける主な関節動作② 股関節の外転 …… 160
バッティングにおける主な関節動作③ 股関節の内旋 …… 164

バッティングにおける主な関節動作④ 股関節の屈曲 …… 168
バッティングにおける主な関節動作⑤ 肩甲骨の内転 …… 172
バッティングにおける主な関節動作⑥ 肩関節の水平伸展 …… 176
バッティングにおける主な関節動作⑦ 体幹の回旋 …… 180
バッティングにおける主な関節動作⑧ 肩甲骨の外転 …… 184
バッティングにおける主な関節動作⑨ 肩関節の水平屈曲 …… 188

COLUMN
野球トレーニングを考える

① 技術習得の階段を一段ずつ登る …… 22
② オープンスキルとクローズドスキル …… 48
③ 筋力トレーニングだけで終わらせない …… 82
④ 限られた時間を無駄にしない …… 112
⑤ 練習をランダムにおこない記憶に留める …… 132
⑥ 練習の目的を正しく理解する …… 152

10
OHTA
24

OPENING

バッティングの原動力

バットを振る力は地面からもらう！

打席に入ると、軸足を滑らせたり、踏み込み足を捻ったりしないように、地面をならす打者はとても多い。地面を正確に踏み込むことが大切であることは、多くの打者が経験的に知っている。しかし、バットを振る力を地面からもらっていることについては、どれだけの打者が意識しているだろうか？　オープニングでは、この打者と地面の関係について解説する。

バッティングの原動力①

地面を踏み込めば反力が返ってくる！

自分が歩いているときのことを想像してみよう。地面を踏み込むと、次の瞬間、反対の足は自然と前へ出るはずだ。これは地面を踏み込むことで、斜め上向きの力を得ているからである。

ヒント①

人は地面を踏み込むことで前へ進む力を得ている！

足が前に出る
地面を踏み込む
反発する力を受ける
踏み込む

▶▶▶ 母指球で踏めば効率よく反力を受けられる

母指球とは、足の裏の親指つけ根付近にあるふくらんでいる場所。かかと側ではなく、この母指球を中心に踏み込むと、踏む力を効果的に使うことができ、効率よく地面反力を得ることができる。

ヒント②

地面を強く押せば跳び上がることもできる!

両足で強く
踏み込む
真上に
跳び上がる!
反発する
力を受ける
踏み込む

まとめ

人が地面に力を加えると、
反対方向への力を地面から受けることができる。
これを地面反力と呼ぶ。

バッティングではこの地面反力を利用することで、打球を遠くへ飛ばすことができるようになる!

バッティングの原動力②

スイング動作では左右の足で交互に地面反力を得ている

スイング動作の連続写真に、地面反力の矢印を入れた。踏み出し足の踏み込みからはじまり、並進運動を生み出す軸足の踏み込み、回転運動のきっかけになる踏み出し足の踏み込み、最後に軸足の踏み込みと左右の足で交互に4回地面反力を得ている。

1

かまえたら踏み出し足を小さく踏み込み、トップをつくるための地面反力を得る。

6

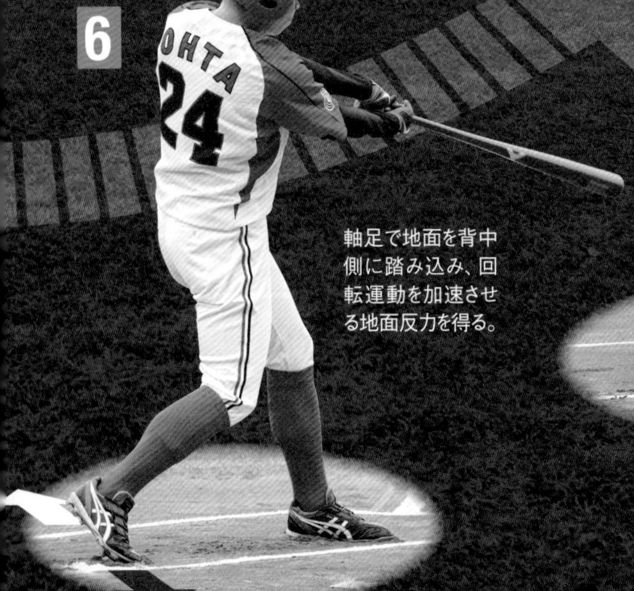

軸足で地面を背中側に踏み込み、回転運動を加速させる地面反力を得る。

7

地面から反力を得ることで体重移動と回転運動がおこなわれバットが鋭く振られた。

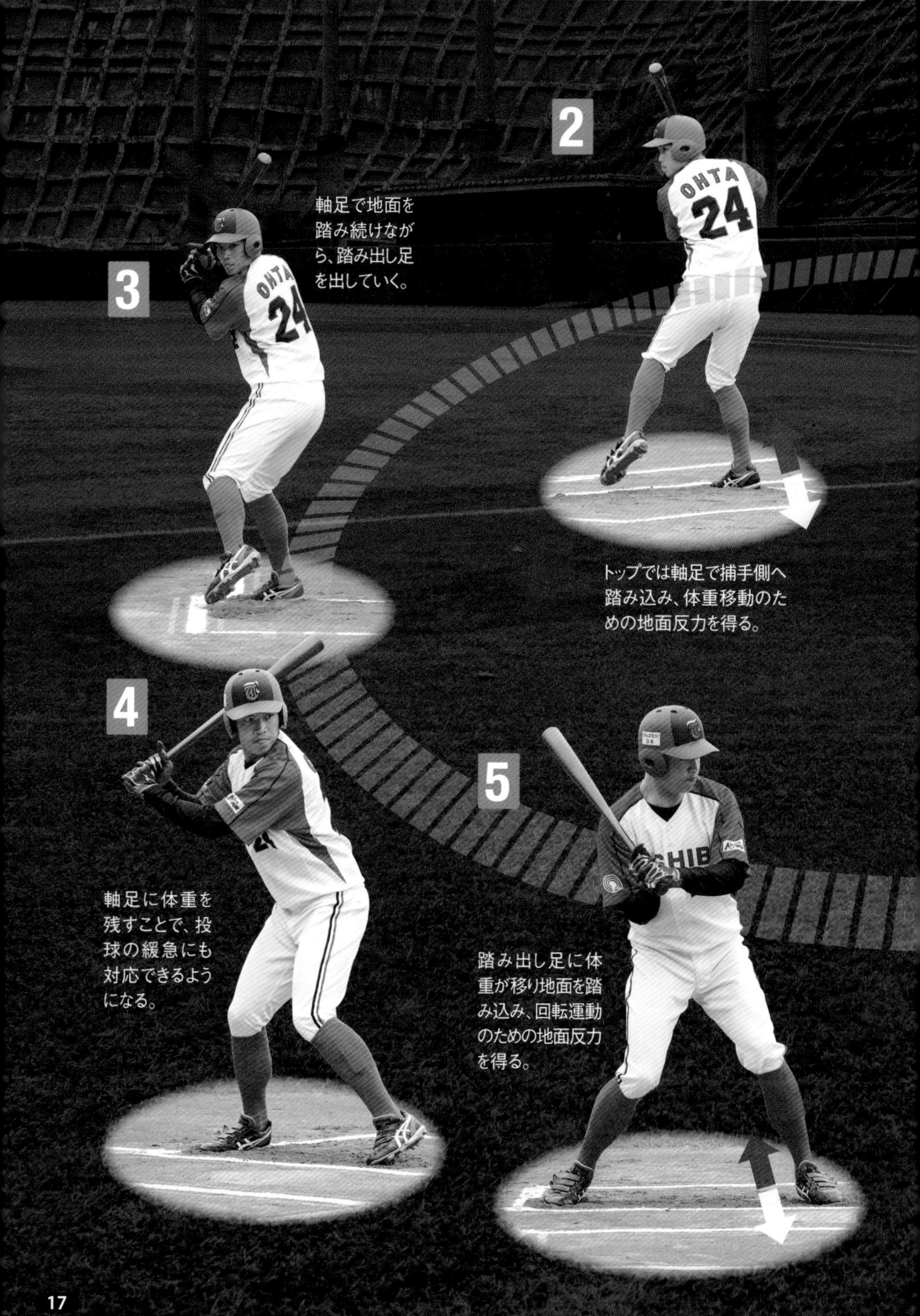

トップでは軸足で捕手側へ踏み込み、体重移動のための地面反力を得る。

軸足で地面を踏み続けながら、踏み出し足を出していく。

軸足に体重を残すことで、投球の緩急にも対応できるようになる。

踏み出し足に体重が移り地面を踏み込み、回転運動のための地面反力を得る。

バッティングの原動力③

捕手向きに踏み込むことで投手向きの地面反力を得る

スイング動作では4回地面とのやり取りがあるが、その中で重要なのは2回目と3回目。まずは2回目のトップをつくるときに軸足が得る地面反力について解説する。

投手側へ並進運動をする動力が得られる

一見すると脱力して立っているようにも思えるが、実は軸足の母指球で捕手方向へ地面を押し続けている。これによって骨盤を地面と平行に保ちながら踏み出す「並進運動」をおこなうための動力が得られる。

足・ヒザ・股関節が一直線

母指球に効率よく体重をかけるには、足・ヒザ・股関節を一直線に保つとよい。このとき軸足の内もも（内転筋）を意識しておくと、軸足が安定しやすく、頭の位置や目線を一定に保つこともできるようになる。

軸足が不安定になり上体が捕手側へ流れる

軸足の内もも（内転筋）がうまく使えないと上体が捕手側へ流れやすくなる。これでは頭の位置や目線を一定に保つことができないだけではなくスイングも安定しない。

バッティングの原動力④

踏み出し足が得る地面反力がスイングを加速させる

スイング動作で3回目に得る地面反力は、踏み出し足のステップ時。いわゆる「前足のカベ」だ。ここで得られた地面反力によって並進運動が止まり、回転運動がはじまっていく。

この地面反力が回転運動をつくる

着地した踏み出し足で地面を押すことで、上方向への地面反力が得られる。これによって「前足のカベ」ができ、回転軸がつくられる。そして踏み出し足の股関節を支点とした回転運動がはじまる。

OHTA
24
回転運動
反発する力を受ける
踏み込む

踏み出し足着地時のヒザとつま先の向きは本塁側

バッティングの回転運動は、踏み出し足の股関節が支点になる。つまり踏み出し足が軸ともいえる。この軸を保つには踏み出し足着地時のヒザとつま先の向きを本塁側にする必要がある。

ヒザやつま先が投手側を向くと回転軸ができない

ヒザやつま先が投手側を向くと、踏み出し足が回転軸にならない。また上体が前に流れ、カラダを早期に開かせる原因にもなる。当てにいく意識が強いと起こりやすいので気をつけよう。

COLUMN

野球トレーニングを考える①

技術習得の階段を一段ずつ登る

昨日までできなかったことができるようになったとき、とても嬉しい気持ちになる。意識しなくてもインサイドからバットを出せるようになった、苦手投手の変化球を打ち返せたなど、野球をしていれば誰もがこのような経験を積み重ねていく。

この「できないことができるようになる」段階は、大きく4つのステージにわけられる。

1つ目のステージは「知らないし、できない」。つまり技術を習得しようと試みる前の段階。2つ目のステージは「知っていてもできない」。身につける技術を知り、試みはじめた段階。3つ目のステージは「意識するとできる」。これは反復練習のなかで意識すればどうにかできるという段階。4つ目のステージは「意識しなくてもできる」。これは頭ではなくカラダが覚えているという段階だ。

毎日練習をしていると、必ず壁にぶつかるときがある。そんなときは、自分が今どの段階なのかを考えてみるとよい。そして焦らずに、1段ずつ登っていくことをイメージして練習に取り組もう。また、4つ目のステージまで登ったら、次は「その技術を人に教える」という段階に挑戦してみよう。感覚ではなく、言葉で誰かに教えることで、その技術に対して新たな気づきがあり、教えた本人をもう一段上へと引き上げてくれるはずだ。

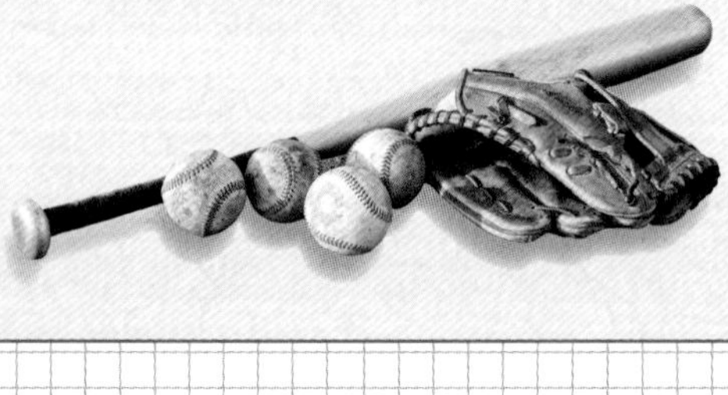

PART

1

トップをつくる

かまえからトップまでの動作を時系列で解説する。この工程には唯一の正解はなく、プロ野球選手であっても人それぞれ。試行錯誤をくり返して、自分に合う型を見つけてほしい。

トップのつくり方に正解はない
自分に合う型を見つけよう

1 バットの握り①、②

P28,30へGO!

バットの握り方を解説。手首を柔軟に使うことを重視するのか、ボールに押し負けない安定感を重視するのかによって握り方が変わる。

4 グリップ位置

P36へGO!

かまえたときのグリップの位置を解説。すばやくトップをつくることを重視するのか、肩や腕を適度に脱力させることを重視するのかでわかれる。

2 スタンス

▶ P32へGO!

スクエア、オープン、クローズドの3つのスタンスがあり、それにより球筋の見え方が変わる。

3 立つ位置

▶ P34へGO!

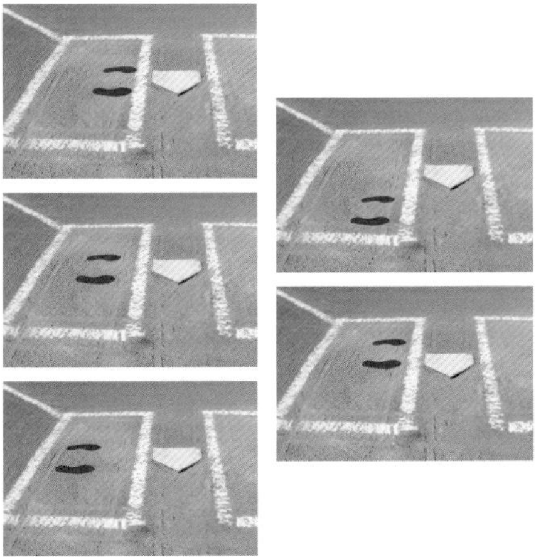

打席のどこに立つか？前後位置と左右位置にわけて、それぞれの特長を解説。自分に合う場所を探そう。

5 テイクバック

▶ P42へGO!

テイクバック時の踏み出し足を上げる幅は人それぞれ。大きく上げる選手もいれば、すり足の選手もいる。

6 トップ

▶ P44へGO!

軸足でしっかり地面を踏み込み、地面反力を受け取りながらトップをつくることで安定感が増す。

バッティング動作を2つの局面にわけて考えてみよう

バッティング動作とは、かまえからテイクバックをしてトップをつくり、そこからボールに向かってスイングをする一連の動作である。本書ではこれを2つの局面にわけて考えていく。

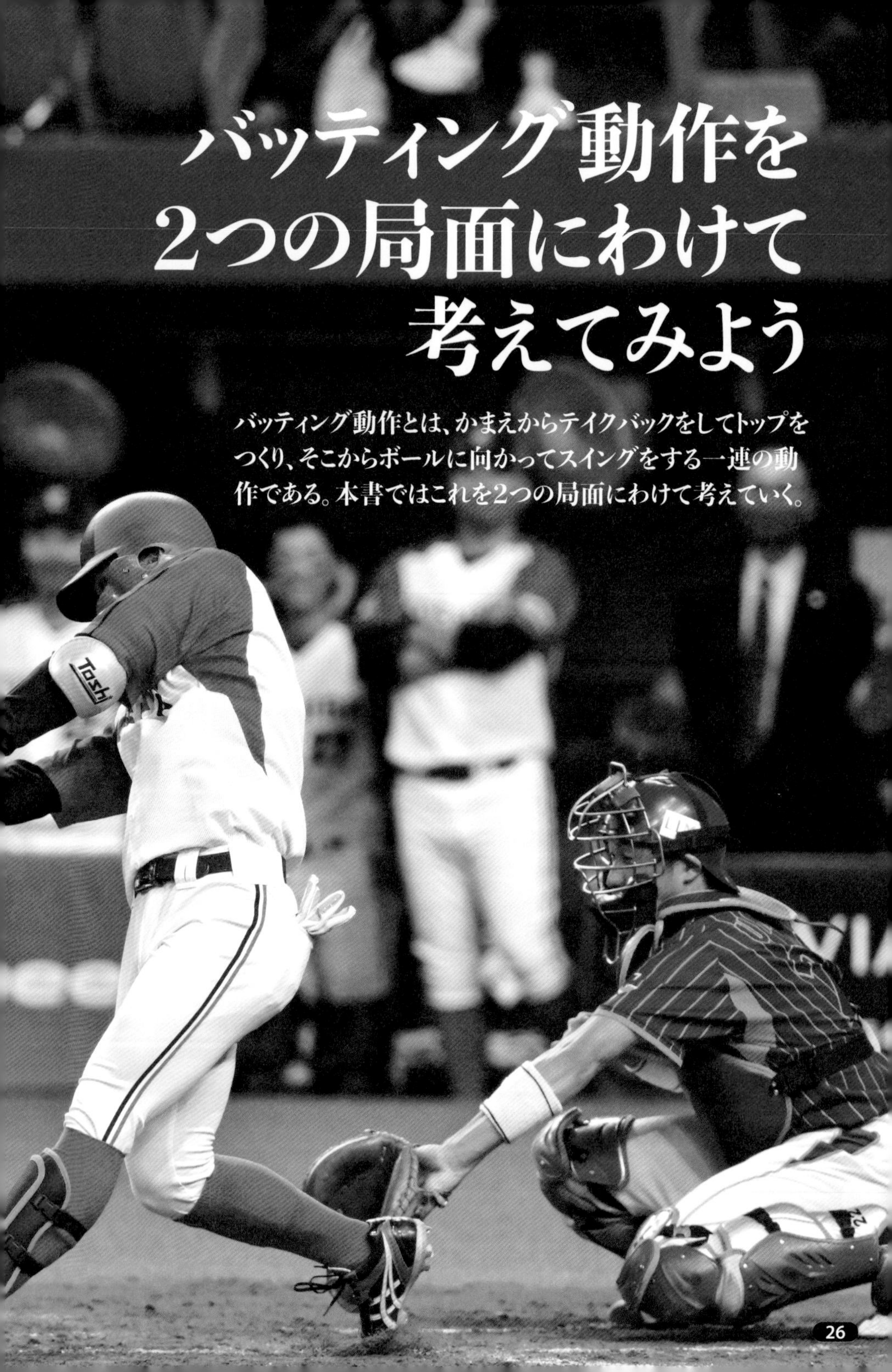

フォーム確立の考え方

かまえ〜トップ（PART1で解説）

トップとは、テイクバックをしてグリップを一番高い位置に引き上げた瞬間であり、かまえからトップは「スイングの準備」ともいえる。この局面は実に人それぞれであり、唯一の正解はないので、自分に合った型を見つけよう。

＋

スイング（PART2で解説）

トップからボールをインパクトしてフォロースルーまでを「スイング」として、PART2で解説する。この局面には唯一の正解とはいえないが、好打者に共通している項目がいくつかあるので参考にしてほしい。

＝

バッティング

バットを握る位置

どちらの握り方にしろ振り出しはしなやかに

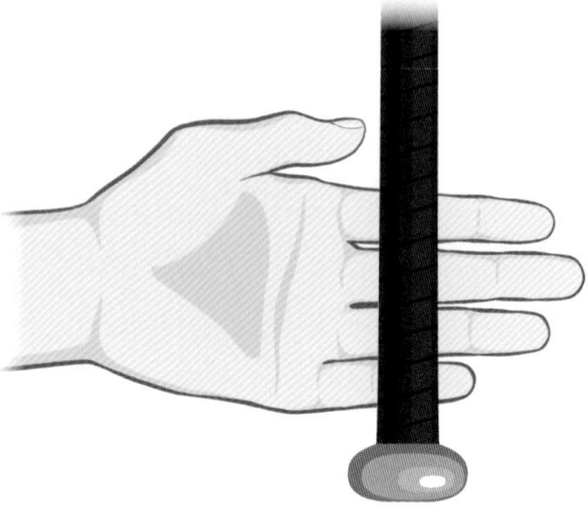

指の中間で握る

指の第2関節あたりで握る人は多い。手首を柔軟に使え、バットコントロールがしやすい。

メリット
手首が柔軟に使える

デメリット
やや不安定

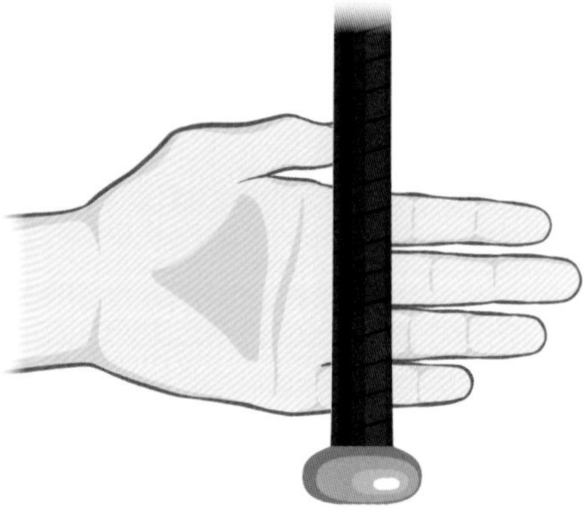

指のつけ根で握る

指のつけ根あたりで握る人も多い。しっかり握れるため、グリップが安定しやすい。

メリット
ボールに押し負けない

デメリット
手首が硬くなりがち

握る位置や指を調整して自分の型を見つけよう

バットの握りは主に2タイプ。ひとつは指の第2関節あたりで握る方法。手首を柔らかく使えバットコントロールに優れる。アベレージヒッターを目指す選手は試してみるとよい。

もうひとつは指のつけ根あたりで握る方法。バットをしっかり握れるためインパクト時にボールに押し負けづらくなる。リストに不安がある選手は試してみるとよいだろう。

また、握るときに特定の指（主に人差し指）を緩める選手がいる。これは力みを予防する効果があるので、打席で力みやすい打者は取り入れてみるとよいだろう。

バットの握り方

特定の指を緩める

人差し指を伸ばし気味にする選手は多い。適度に脱力でき手首を柔軟に使いやすくなる。

メリット
力みを防止できる

デメリット
やや不安定

すべての指で握る

すべての指で握ればグリップが安定する。またインパクト時に当たり負けする不安も減らせる。

メリット
握りが安定する

デメリット
力みやすい

☑ CHECK POINT

TECHNIQUE

技術

かまえのときはバットを強く握らない

かまえの時点からバットを力いっぱい握る選手がいる。これでは手首が硬くなりバットコントロールができない。人はインパクトの瞬間に自然と力が入るものなので、かまえでは力を抜いておくこと。

短めに握る

グリップの位置によってスイングの質も変わる

メリット
バットをコントロールしやすい

デメリット
ヘッドスピードが上がりにくい

手からヘッドまでの距離が短くなるのでバットコントロールがしやすくなる。追い込まれたらこの握りにする打者は多い。

目指すスタイルによってグリップ位置を変える

グリップの位置によって、ヘッドスピードやバットコントロールのしやすさが変わる。

短めに握ればバットコントロールはしやすくなるが、ヘッドスピードが低下するため遠くへ飛ばすことが難しくなるだろう。

逆に長めに握ればヘッドスピードは上がるが、ボールを正確にミートするのが難しくなる。

ただし、バットが自分の筋力に対して重すぎると話は変わる。長く握ってスイングするとカラダはぶれるだろうし、短く握っても扱いづらく感じるだろう。前提として長く握ってもぶれることなくスイングできる重量のバットを選ぶことも大切だ。

長めに握る

メリット
ヘッドスピードが上がりやすい

デメリット
バットをコントロールしづらい

手からヘッドまでの距離が長くなるのでスイングスピードが上がりやすい。追い込まれるまではこの握りをする打者は多い。

CHECK POINT

TECHNIQUE
技術

普段からも短い握りを練習しておく

2ストライクまで追い込まれたらバットを短く握る打者は多い。しかし短い握りに慣れていないと、逆にバットコントロールが悪くなる場合もある。普段から短い握りも練習しておこう。

スクエアスタンス

スタンスが変われば球の見え方も変わってくる

オープンスタンスにくらべたら球筋が見えづらいといえなくもないが、デメリットのない標準的なスタンス。

メリット 姿勢に無理がない
デメリット なし

球の見え方の違いを体感してみよう

スタンスとは、打席内での両足の置き方のこと。軸足を基準にして、踏み出し足をどこに置くかによって上記の3タイプにわけることができる。

各スタンスによって球の見え方が変わってくるが、まずは「スクエアスタンス」か「オープンスタンス」を試してみよう。

クセがないのは両足を揃えた「スクエアスタンス」だろう。姿勢に無理がないので自然にかまえることができる。踏み出し足を引いた「オープンスタンス」はカラダが開き気味なので両目でボールが見えやすい。またスイング時は踏み出し足を前に力強く踏み込むことができる。

クローズドスタンス

踏み出し足を閉じてかまえる。日本ではあまり目にしないが、カラダの開きを抑えられやすく逆方向へも打ちやすい。だが内角には弱い。

メリット 逆方向へ打ちやすい
デメリット 内角が打ちづらい

オープンスタンス

踏み出し足を開いてかまえる。顔も投手側へ向きやすいので球筋が見えやすいが、トップまでの動作がやや大きくなる。

メリット 球筋が見えやすい
デメリット 動作が大きくなりやすい

CHECK POINT

SCIENCE 科学

利き目の有利不利はないといわれている

人には利き目があるが、利き目の左右差による有利不利は報告されていない。利き目がどちらにせよ、その利き目でボールをしっかり見ることの方が大切だといわれている。

前後位置

自分の弱点を補えるか強みを伸ばせる位置に立つ

捕手寄り

打席の捕手寄りに立つ打者はとても多い。ボールを長く見続けられるのが特長だ。

メリット
ボールを長く見られる

デメリット
変化球の曲がりが大きい

投手寄り

速球を速く感じやすいという短所はあるが、変化球の曲がりはじめをとらえやすくなる。

メリット
変化球が曲がる前に打てる

デメリット
球速を速く感じる

投手のタイプによって立つ位置を変える

ルール上は打席のどこに立ってもかまわないが、多くの打者は捕手寄りに立つ。これはボールを少しでも長く見続けたいという打者心理によるものだろう。とくに速球が武器の投手との対戦であればなおさらだ。だが変化球に限っていえば、捕手寄りにいるほど大きく変化したタイミングで打つことになる。変化球を狙うのであれば投手寄りに立ち、変化が小さいときを狙った方が打ちやすいだろう。

一方、左右位置に関しては対戦投手というよりも、自身のかまえや苦手なコースなどによって決めることが多い。

左右位置

ベースに寄る

外角に届きやすく、投手に内角を投げづらくさせるという効果も考えられる。

メリット 外角に強い

デメリット 内角に弱い

ベースからやや離れる

外角にギリギリ届く位置から逆算して立ち位置を決めるとよい。

メリット バランスがよい

デメリット なし

ベースから離れる

内角は打ちやすいが、外角を打つにはかなり踏み込む必要がある。

メリット 内角に強い

デメリット 外角に弱い

☑ CHECK POINT

TECHNIQUE

技術

カウントごとに立ち位置を変える選手もいる

カウントによって立ち位置を変える選手もいる。追い込まれたらかなり投手寄りに立ち、変化球が曲がる前に当てるというのが狙いだという。ストレートには前に立っても対応できるという打者にはよい作戦だろう。

グリップ位置の範囲

グリップ位置が高ければすぐにトップをつくることができ、低ければ肩や腕を脱力させてかまえることができる。

自分のトップから逆算して最適な位置を見つけよう

振り遅れたくはないが力みたくもない

かまえたときのグリップ位置は人それぞれ異なる。振り遅れることを嫌う打者はあらかじめトップに近い高さでかまえている傾向がある。ちなみに、野球よりもバッテリー間が短いソフトボールでは、多くの打者がトップの位置でかまえておりテイクバックでグリップを引かない。

一方、リラックスしてかまえたいという打者はグリップ位置が肩の高さか、それより少し下がる。トップまでの距離が長くなるが、上半身を脱力させてかまえられるというメリットがある。どちらも一長一短があるので、試行錯誤をくり返して自分に合う型を見つけて欲しい。

グリップの高さ

高めにかまえる

最小限の動作ですばやくトップの姿勢をつくりやすい。

メリット
すぐにトップができる

デメリット
肩や腕が力みがち

低めにかまえる

重力に抗うことなくバットをリラックスして握っていられる。

メリット
肩や腕を脱力できる

デメリット
トップまでが遠い

CHECK POINT

TECHNIQUE

技術

トップまでの距離が短い方が再現性は高い

グリップ位置に正解はないが、かまえの位置からトップをつくるまでの距離が短い方が動作のぶれを抑えられやすいので、再現性は高くなると考えられる。また振り遅れの対策にもなる。

さまざまな選手のかまえ 右打者

PLAYERS DATA

【フィジカルに秀でた好打者】

下半身に安定感があるバランスのよいかまえ。

スタンス
オープン

立ち位置
捕手寄り

グリップ位置
肩の高さ

バットの握り
長め

PLAYERS DATA

【堅実なバッティングをする好捕手】

重心を下げたどっしりとしたかまえ。

スタンス
オープン気味

立ち位置
捕手寄り

グリップ位置
耳の高さ

バットの握り
指数本分空ける

PLAYERS DATA

【広い守備範囲と強肩が武器の遊撃手】

グリップをトップに近い高さまで上げたかまえ。

スタンス
オープン気味

立ち位置
捕手寄り

グリップ位置
頭の高さ

バットの握り
指数本分空ける

PLAYERS DATA

【中軸を任せられるパワーヒッター】

グリップをやや下げ脱力してかまえているように見える。

スタンス
スクエア気味

立ち位置
捕手寄り

グリップ位置
肩の高さ

バットの握り
長め

▶ さまざまな選手のかまえ 左打者

PLAYERS DATA

【巧みなバットコントロールで中軸を担う】

バランスがよく安定したかまえに見える。

スタンス
オープン

立ち位置
捕手寄りから
一足分ほど空ける

グリップ位置
肩の高さ

バットの握り
指1本分空ける

PLAYERS DATA

【勝負強さが光る好打者】

ヒザをしっかり曲げ低重心でかまえている。

スタンス
オープン気味

立ち位置
捕手寄り

グリップ位置
耳の高さ

バットの握り
長め

PLAYERS DATA

【機動力が武器のアベレージタイプ】

あらかじめグリップを後方へ引いてかまえている。

スタンス
オープン

立ち位置
捕手寄り

グリップ位置
肩の高さ

バットの握り
長め

PLAYERS DATA

【堅実で安定感のある好打者】

足幅はやや狭めでリラックスしてかまえているように見える。

スタンス
オープン気味

立ち位置
捕手寄り

グリップ位置
頭の高さ

バットの握り
長め

踏み出し足を上げる

軸足に体重を乗せて グリップを後ろに引き上げる

踏み出し足をしっかり上げる打者は多い。タイミングが合わせやすく、軸足にも体重を乗せやすい。

メリット
タイミングを取りやすい

デメリット
カラダがぶれやすい

テイクバックできれば 足は上げなくてもいい

テイクバックとは、軸足に体重を乗せグリップをトップの位置へ引き上げる動作を指す。

このとき、踏み出し足をどこまで上げるのか、またはまったく上げないのかは人それぞれ。

踏み出し足を上げなくてもしっかりテイクバックができる打者はそれでまったく問題ない。むしろ動作が減るので再現性も高まる。だが多くの打者は踏み出し足を上げている。これはスイングのタイミングの合わせやすさや、その後のステップで前足のカベをしっかりつくれたりとメリットがあるからだと思われる。各自で最適のテイクバックを探っていこう。

踏み出し足をあまり上げない

踏み出し足を上げなくても、軸足に荷重してテイクバックできれば問題ない。

メリット
フォームが安定する

デメリット
体重移動しづらい

☑ CHECK POINT

TECHNIQUE

技術

テイクバックでカラダが傾くのはダメ

テイクバックでカラダが捕手側に傾く打者がいるが、これでは目線もぶれるし、踏み出しもうまくいかないだろう。軸足母指球で踏ん張り、カラダの軸を保つことを心がけよう。

地面反力を受け取り再現性の高いトップをつくる

正しいトップのつくり方

1 軸足母指球で地面を踏み込む

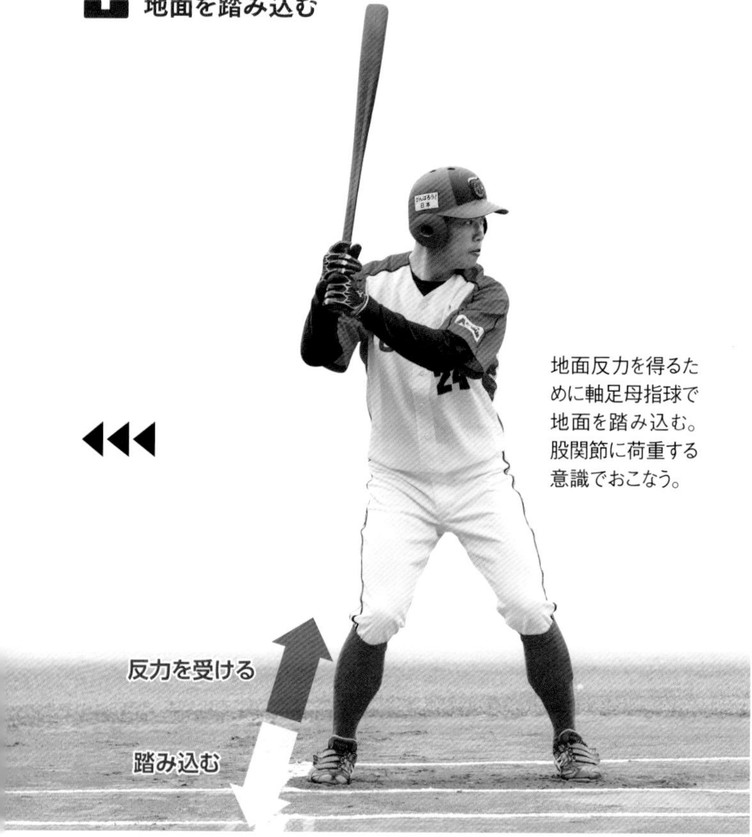

地面反力を得るために軸足母指球で地面を踏み込む。股関節に荷重する意識でおこなう。

下半身がスイングのきっかけをつくる

トップとは、テイクバックで引き上げたグリップが一番高くなった瞬間を指し、スイングへと切り替わる局面でもある。

ここで大切なことは、軸足の股関節に体重を乗せる意識をもつことと、軸足の母指球で地面を捕手方向へ踏み込み、投手方向への反力を得ること。これが並進運動の原動力になる。母指球の踏み込みが甘ければ上体が捕手側へ傾いたり、軸を垂直に保てず不安定になってしまう。現場ではよく「スイングは下半身でおこなう」といわれるが、これはこのように下半身の動作がスイングのきっかけをつくっているからだろう。

2 グリップだけを後方へ上げる

母指球で踏ん張り続け、カラダは傾けずにグリップだけを上げていく。

◀◀◀

3 頭の位置はかまえから動かない

グリップを上げてトップをつくる。頭の位置はかまえのときからほぼ変わらない。

POINT
強く踏み込み
地面反力を
受け取る！

☑ CHECK POINT

身体 PHYSICAL

後ろ側の筋肉を使えているか確認しよう

母指球で踏ん張り、地面反力を得て安定したトップができると、軸足のハムストリングや大臀筋に張りを感じる。野球の筋力トレーニングでは、この後ろ側の筋肉を率先して鍛えていきたい。

大臀筋(だいでんきん)

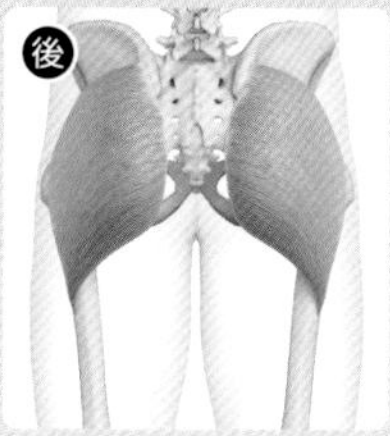

ハムストリング

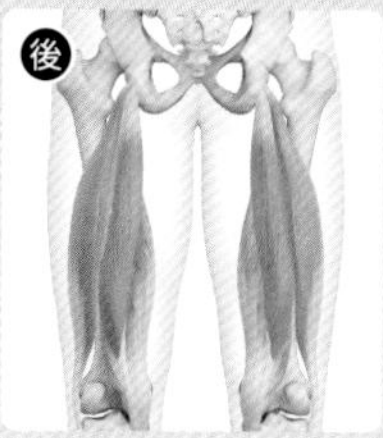

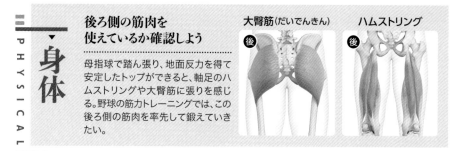

試合前にもう一度！

ココだけはチェック

トップをつくるまでの動作は人それぞれであり、唯一の正解はない。だが、それゆえ一度型が崩れてしまうと取り戻すのも難しい。ここではフォームが崩れやすいところをまとめたので、日々の練習の中で自分の型を確認するクセをつけておこう。

CHECK POINT

☑ 手首が力んでいないか？

試合で緊張をすると無意識のうちにバットを強く握ってしまう選手がいる。強く握るのはインパクトの瞬間だけだ。ずっと強く握っていると振り出しが堅くなるので気をつけよう。

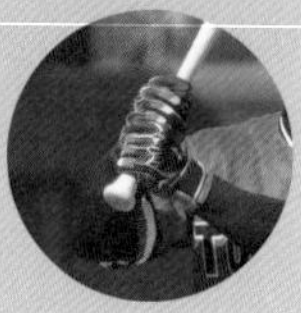

CHECK POINT

☑ グリップ位置はいつもと同じか？

グリップ位置が不安定になると当然トップも不安定になり、スイング軌道も乱れてしまう。どんなときでも自分が決めたグリップ位置でかまえられるようになろう。

CHECK POINT

トップが浅くなっていないか？

試合で投手にタイミングが合わないと、無意識のうちにトップが浅くなっていることがある。トップが浅くなると手打ちになりやすく、ヘッドも加速しない。

CHECK POINT

テイクバックで目線がぶれていないか？

打ちたいと気持ちが強すぎてバットを持つ手に意識が向かうと、股関節に荷重する意識が薄くなりやすい。するとテイクバックで上体が起き上がり、目線がぶれてしまうことがあるので注意しよう。

CHECK POINT

軸足による地面の踏み込みが甘くないか？

焦りや疲労の影響か、テイクバックで軸足母指球での踏み込みが甘くなることがある。安定したトップをつくるには地面反力を受け取ることが大切。いつでもしっかり地面を踏み込めるようになろう。

COLUMN

野球トレーニングを考える②

オープンスキルとクローズドスキル

野球のバッティングと似た動作をする競技といえばゴルフだろう。どちらも長い棒状のものを振り、ボールを飛ばす。だが、この2つは似て非なるものである。

ゴルフは、地面に置いてあるボールを打つ競技。そのため、風や地面の傾きなどの影響を受けるにせよ、基本的には自分ひとりだけで動作が完結する。敵は心理的プレッシャーであり、いかに普段どおりのスイングができるかが鍵になる。このような技術を「クローズドスキル」と呼ぶ。

一方、バッティングはひとりでは完結しない。必ず投手という対戦相手がいる。そのため、どれだけ普段どおりのスイングをしようと心がけても、緩急をつけられたり、インコースとアウトコースを投げ分けられたりしたら、それに対応したスイングをしなければならない。このように、対戦相手との相対的な関係の中でおこなう技術を「オープンスキル」と呼ぶ。

バッティングがオープンスキルであることを考えると、たとえば素振り練習ではただ漠然と振るのではなく、ストライクゾーンを9分割にして実戦をイメージしたり、同じ球速で打撃練習をするのではなく、緩急や変化球を織り交ぜながらおこなうなど、変化のある環境で普段どおりのスイングをするための工夫が求められる。

PART

2

スイングの本質

トップからフォロースルーまでの動作を時系列で解説する。この工程には好打者に共通しているポイントがたくさんある。いわばスイングの本質ともいえる重要なものになる。

好打者に共通しているスイングの本質を探究しよう

1 ステップ①

P52へGO!

踏み出し足のステップについて解説。軸足に荷重して体重を残しながらステップすることが大切になる。

2 ステップ②

P54へGO!

踏み出し足着地時の上半身の向きを解説。このときの胸は本塁側を向くことでカラダの早期の開きを抑えられる。

5 腕の使い方①

P66へGO!

腕の使い方を解説。左右の腕にはそれぞれ役割があるので、その役割を理解して正しいスイングをおこなおう。

6 腕の使い方②

P68へGO!

投手側の引き腕は緩やかに伸び、捕手側の押し腕は急激に伸びる。この速度差がヘッドを走らせる。

3 腰の回転①

P56へGO!

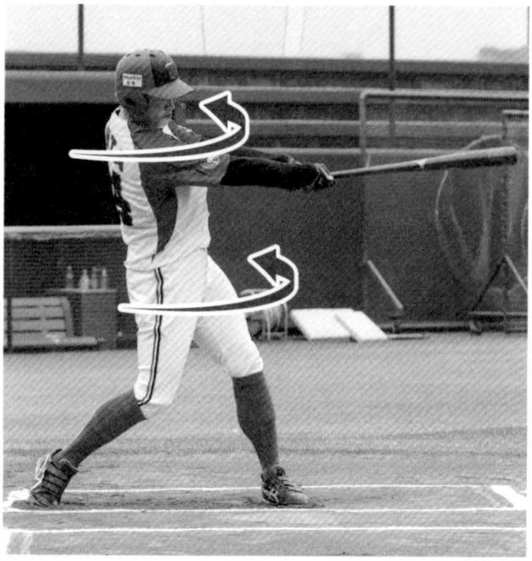

ヘッドスピードを加速させる体幹の使い方を解説。体幹をすばやくねじり、すばやく戻すという、ねじれの反動を利用することが大切になる。

4 腰の回転②

P58へGO!

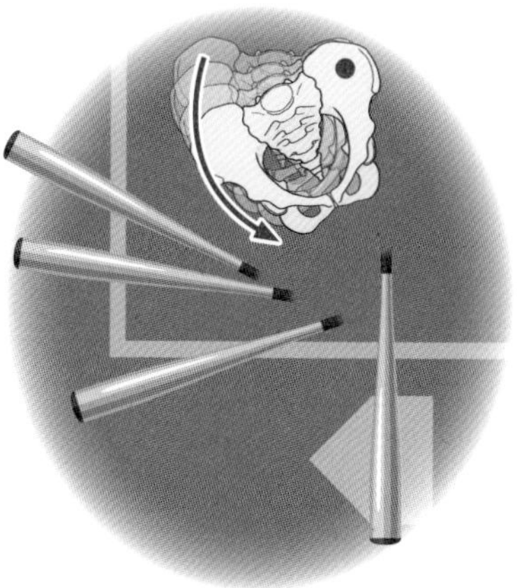

回転軸について解説。カラダの中心ではなく、踏み出した左股関節を軸に腰を回す。これによって回転半径が大きくなり、ヘッドが走るようになる。

7 腕の使い方③

P70へGO!

体幹と腕の関係性について解説。スイング中は常に体幹と腕でつくる三角形を保つ。三角形がつぶれてしまうと正しいスイングが難しくなってしまう。

8 バント

P76へGO!

バントの姿勢について解説。軸足を後ろに引き、股関節の曲げ具合で高さは調整するのが基本。手だけで当てにいかないこと。

軸足に体重を残しながら踏み出し足をステップさせる

3 踏み出し足で並進運動を止める

POINT
前足でカベをつくる！

左股関節に荷重
反力を受ける
踏み込む
踏み込む
反力を受ける

軸足は、母指球を中心に背中側に踏み込み、お腹側への反力を得ることで、腰の回転が加速する。

踏み出し足のヒザとつま先を本塁へ向けて着き、地面反力を得る。

好打者に共通する前足のカベ

練習で「前足のカベ」という言葉をよく耳にすると思う。これは踏み出し足をカベのように強固に着くことを指す。これによって地面反力を得られ、体重移動を回転運動へとつなげることができる。ポイントは、踏み出し足のヒザとつま先を本塁へ向けて着くこと。当てにいく意識が強くなると、ヒザやつま先が投手側を向いて着きやすい。これでは並進運動を受け止められず、上体が流れてしまうので回転運動がおこないにくい。

この前足のカベは好打者の共通点のひとつであり、スイング動作で最も大切なポイントになるので、必ず習得しておきたい。

ステップ時の下半身の使い方

1 軸足の母指球で地面を踏み込む

2 軸足荷重のまま踏み出す

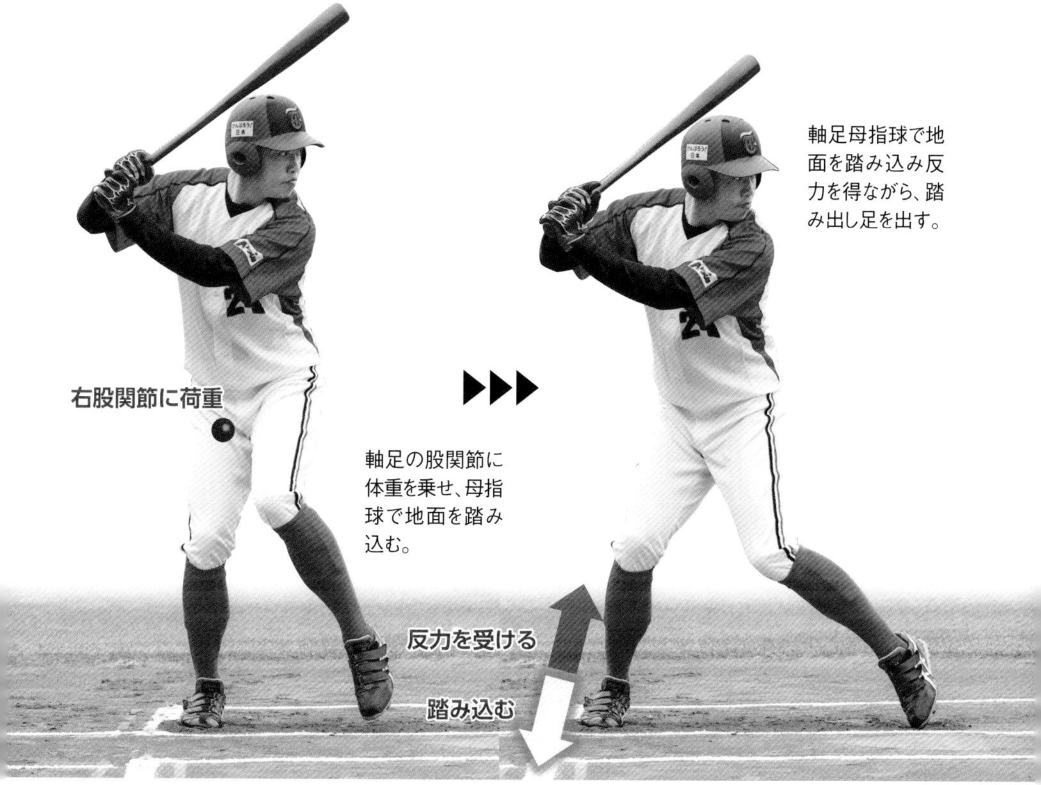

軸足の股関節に体重を乗せ、母指球で地面を踏み込む。

軸足母指球で地面を踏み込み反力を得ながら、踏み出し足を出す。

☑ CHECK POINT

SCIENCE

科学

地面反力を得ることで並進運動が止まる

踏み出し足で地面を踏み込むことで、斜め上向きの地面反力を得られる。これによって並進運動が止まり、その力が腰の回転運動にいかされる。

踏み出した時点では胸は本塁側を向いている

× **すでに胸が投手側を向く**

踏み出し足を着いたときに胸が投手側を向いた状態を「カラダの開きが早い」と表現する。

2つの運動には必ず時間差がある

指導者から「カラダの開きが早い」という指摘をされたことのある打者は多いと思う。上の×写真がまさにそのような状況だ。踏み出し足を着いたとき、胸が投手側を向いている。つまり上半身がすでに回転をはじめているということだ。

スイング動作は並進運動の力を回転運動へと伝えることが大切であり、2つの運動にはわずかな時間差がある。必ず並進運動からはじまり、次いで回転運動がおこなわれる。カラダの開きが早い打者は2つの運動が同時におこなわれている。これでは下半身の力が効率よく伝達されず、手打ちになりやすい。

○ 胸が本塁側を向いている

踏み出し足着地時は胸が本塁側を向いている。ここから回転運動がおこなわれる。

☑ CHECK POINT

技術 TECHNIQUE

踏み出し足のつま先の向きに注意！

踏み出し足のつま先を投手側へ向けて着いてしまう選手がいる。これでは着地と同時に腰が回ってしまうので胸が投手側を向く。つま先は本塁側へ向けて着地することを意識しよう。

腰を鋭く回転させて ねじれた体幹を一気に戻す

3 ねじれた体幹が すばやく戻る

ねじれた体幹がすばやく戻ることで
肩の回転が腰の回転を追い越す。

すばやくねじり すばやく戻す

ヘッドスピードを加速させるには、体幹を「すばやくねじり、すばやく戻す」ことが重要。

前ページで述べたように、踏み出し足着時のカラダは開かない。胸やヘソは本塁側を向き、グリップ位置はトップの高さのまま。この姿勢が体幹のねじりを生み出す土台。

ここから腰だけを先行させて回す。ほんの一瞬だが、腰が先に動くことで体幹が瞬間的にスイングとは逆方向へねじられる。このねじれの反動を利用して、すばやく肩を回すことでヘッドが走る。大切なことは、ねじりの大きさではなく、速度だということを覚えておこう。

ヘッドを加速させる腰の使い方

1 安定したトップをつくる

軸足で地面をしっかり踏むことで反力を得て安定したトップをつくる。

▶▶▶

2 瞬間的に体幹がねじれる

POINT
肩を残して
腰だけがわずかに
先行して回る！

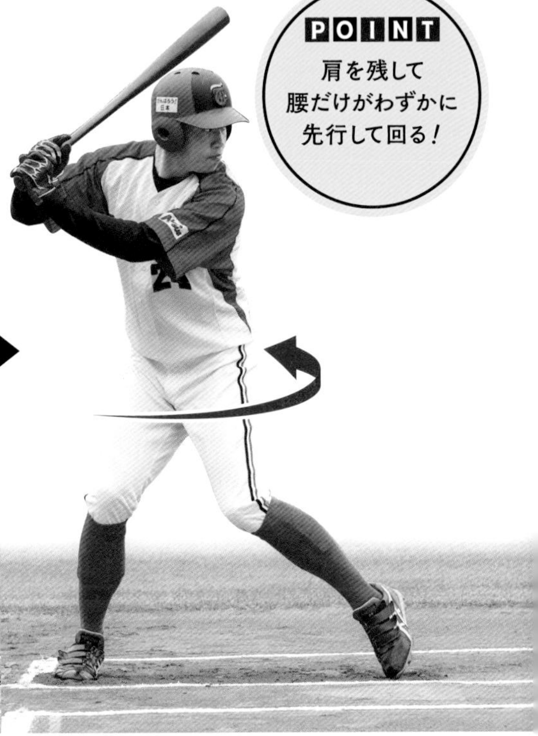

グリップ位置はトップのまま、踏み出し足をステップすることで体幹がねじれる。

☑ CHECK POINT

SCIENCE 科学

SSC運動がヘッドを走らせる

SSCとはストレッチ・ショートニング・サイクル（Stretch shortening cycle）の略。主動作前に逆方向へすばやく動くことで、その後の主動作が向上するというもの。跳躍の前に一度しゃがむのがこれに当たる。スイング動作も体幹が逆方向へ一度ねじれることが大切になる。

カラダの中心ではなく左股関節を支点に回る

✕ **カラダの中心を軸に回る**

カラダの中心で回ると左股関節を後ろに引くような動作になる。これでは腰の回転半径が小さくなってしまう。

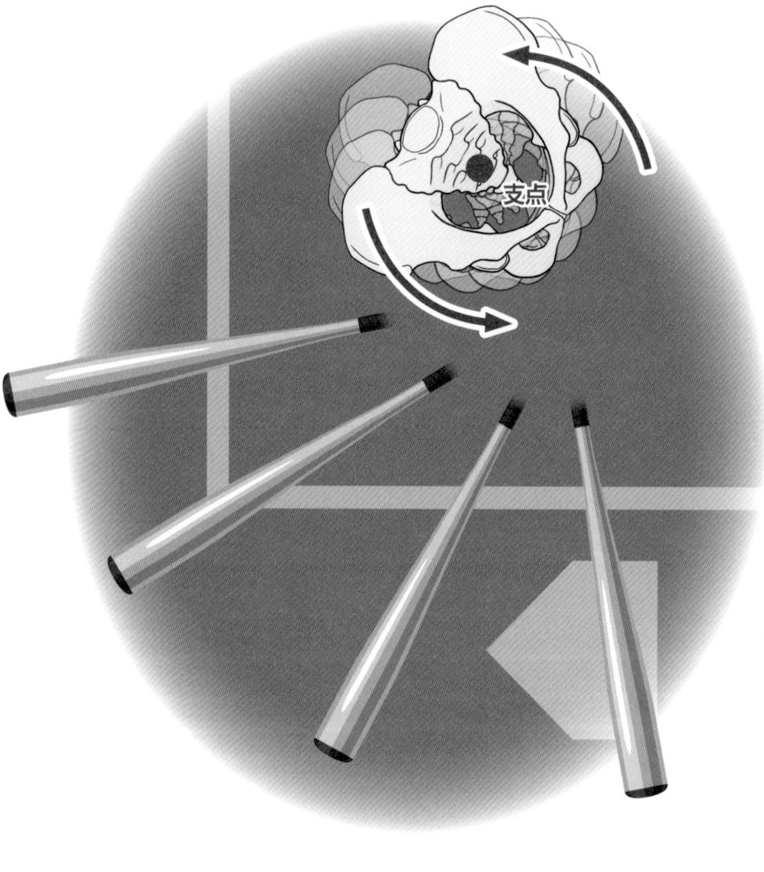

踏み出し足のカベが回転運動の軸になる

回転運動の軸を考えるうえで、今一度、踏み出し足でつくった「カベ」を思い出してみよう。ヒザとつま先を本塁側へ向けたまま踏み出し、並進運動を受け止めた。回転運動では、この踏み出し足のカベが軸になる。

つまり踏み出し足側の股関節が支点となり、軸足側の股関節を前に出すのだ。ここで上の✕イラストのように踏み出し足側の股関節を後ろへ引くような動作をしてはいけない。

踏み出し足側の股関節を支点にした回転ができれば、腰の回転半径が長くなり、結果としてヘッドスピードを上げることにつながる。

◯ 左股関節を支点に回る

踏み出した左股関節を支点に回ると、右股関節が前に出てくる動作になる。回転半径が大きくなるのでヘッドが走る。

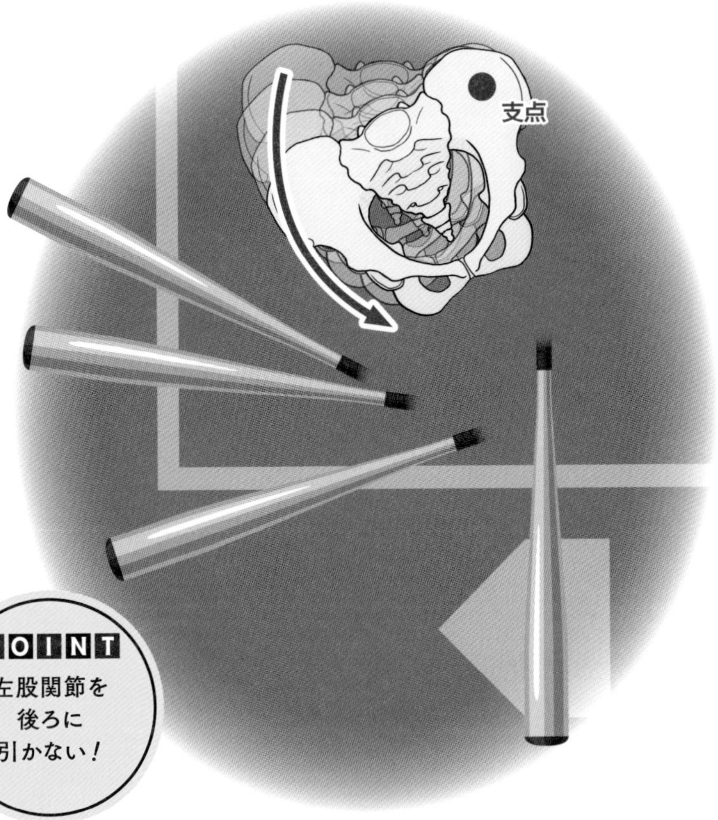

POINT
左股関節を
後ろに
引かない！

☑ CHECK POINT

SCIENCE
科学

円半径が大きくなれば ヘッドが走る距離も長くなる

左股関節を支点にすることで、腰の回転の円半径が長くなる。これによってトップからインパクトまでの間でヘッドが加速するだけの十分な距離をとることができるのでヘッドが走りやすくなる。

TOPICS 1

今一度
バッティングにおける
「カベ」の重要性を確認しよう

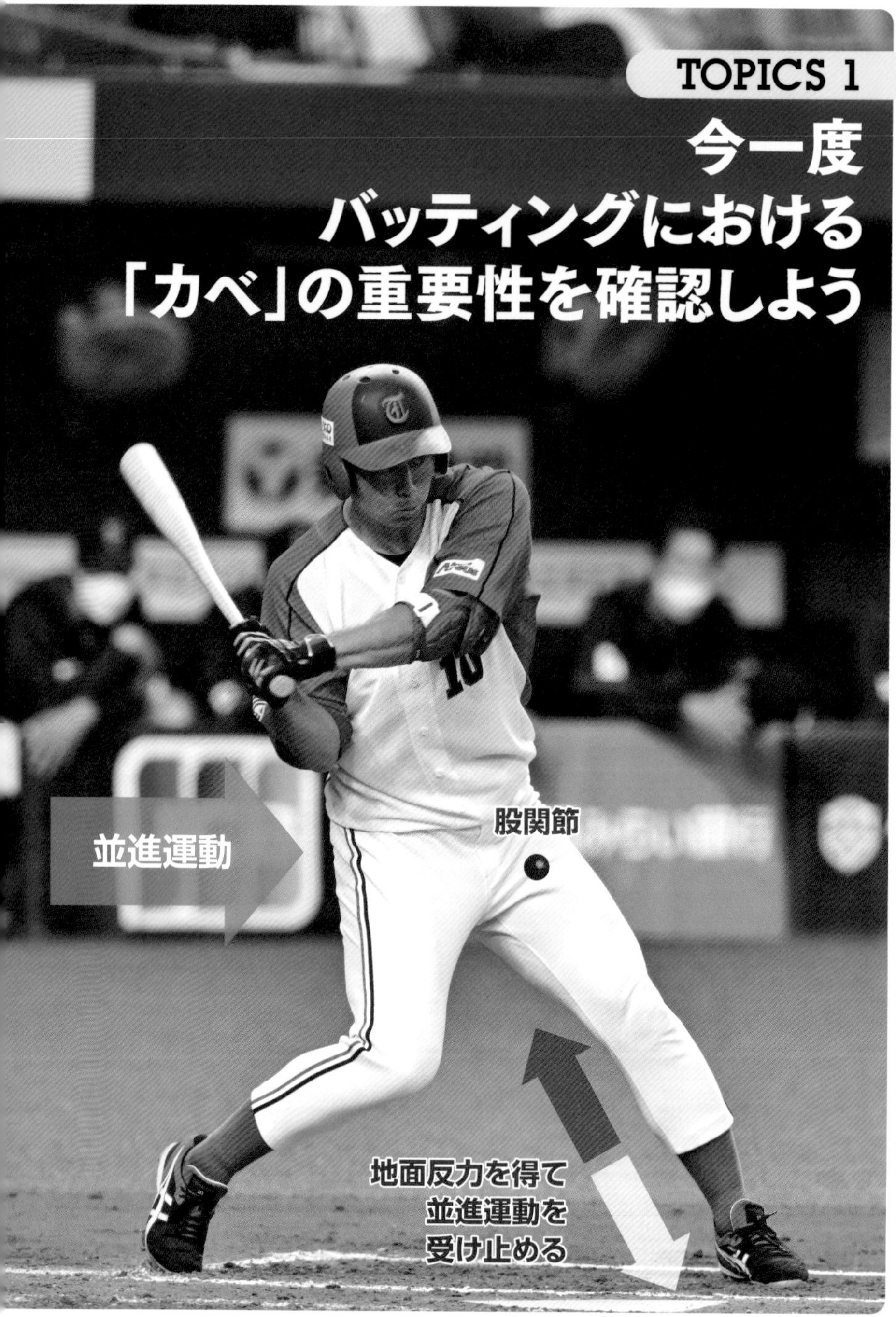
並進運動
股関節
地面反力を得て
並進運動を
受け止める

カベの重要性①

骨盤の水平左回旋時は
踏み出し足の股関節は内旋する

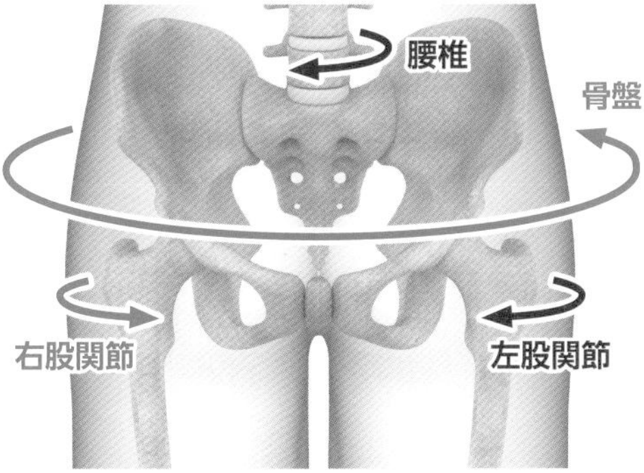

骨盤を正しく左に回すと、左股関節は反対に少しだけ右に回る（内旋）。この動きで左足にカベができ、体幹を鋭く回転させることができる。ただしこれは回転の初動の話であり、スイング動作では強い回転とともに左股関節も最終的には外旋する。

カベの重要性②

カベができないとカラダが前に流れる

踏み出し足が投手側を向く

ヒザやつま先を投手側に向けて着くとカベができず、開きが早くなる

踏み出し足のヒザが曲がる

ヒザやつま先の向きはよくても、ヒザが曲がっていると回転軸ができず腰が回らない。

▶ さまざまな選手の踏み出し足のカベ

PLAYERS DATA

【フィジカルに秀でた好打者】

踏み出し足のつま先をしっかり本塁へ踏み込んでいる。ヒザも伸びきれいなカベができている。

PLAYERS DATA

【中軸を任せられるパワーヒッター】

踏み出し足をしっかりと踏み込み、その股関節が回転運動の軸になっているのがわかる。

PLAYERS DATA

【センスが光る投打の二刀流】

つま先から頭まで一本のまっすぐな線を引けるほど、踏み出し足で強固なカベをつくっている。

PLAYERS DATA

【勝負強さが光る好打者】

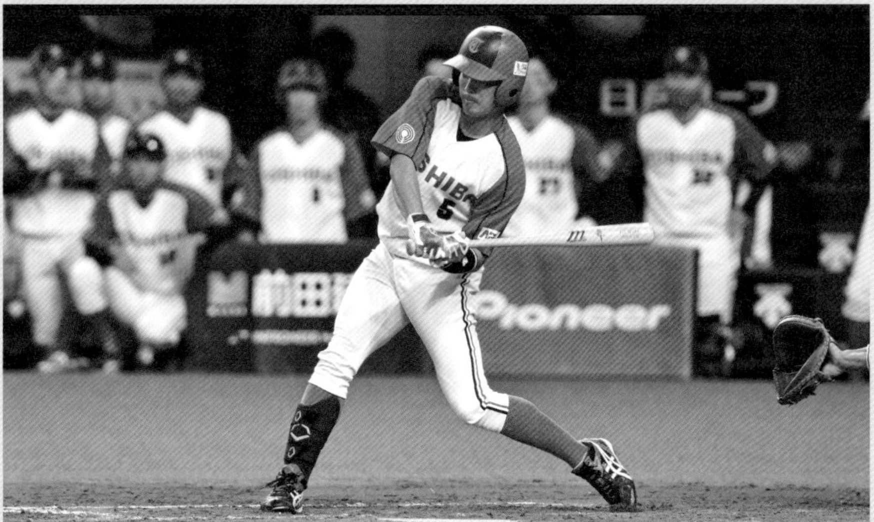

踏み出し足を大きくステップしている。しっかりカベをつくり並進運動を受け止めている。

▶ 連続写真で見る踏み出し足のカベ

トップでグリップを大きく引き上げ、踏み出し足も上げている。比較的大きなフォームだろうか。

グリップをトップに上げたまま踏み出し足を着いた瞬間。ここからスイングがはじまる。

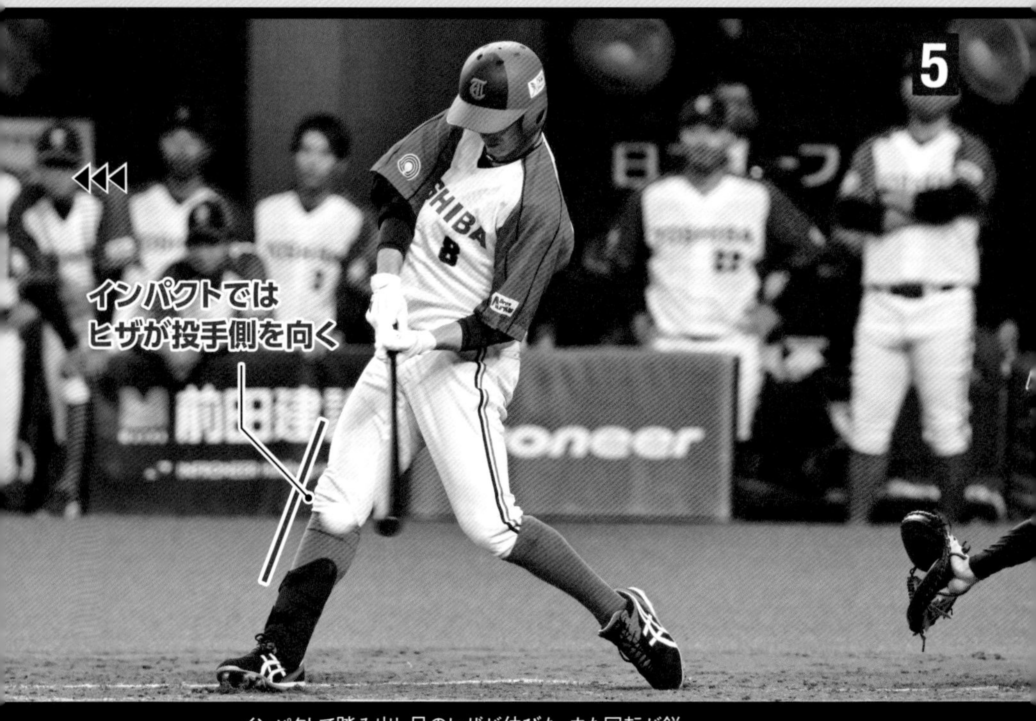

インパクトで踏み出し足のヒザが伸びた。また回転が鋭く足がめくれスパイクの裏が見えた。

スイング開始と同時に本塁を向いていたヒザが投手側へ向きはじめた。

グリップ位置が下がってきた。踏み出し足のヒザが着地時にくらべて少しずつ伸びてきた。

多少詰まり気味だったのかもしれないが、押し手で上手に押し込みスイングした。

Check Point

回転開始後のつま先やヒザは投手側を向いて OK

踏み出し足でカベをつくるには、つま先とヒザを本塁側へ向けて着くことが望ましい。だが回転がはじまれば自然とつま先やヒザは投手側へ回る。これはOKだ。上の連続写真もそうだが、実際に多くの打者が回っている。大切なことは、踏み出し足着地時に本塁側へ向けて並進運動をしっかり受け止めることだ。

引き腕の力が入りやすいヒジの使い方を身につけよう

✕ 引き腕のヒジが伸びる

投手側の腕のヒジが伸びると、バットがカラダから離れてしまう。これでは腕の力をバットに伝えることが難しい。

左右の腕にはそれぞれ役割がある

一般的にバッティングにおける左右の腕にはそれぞれ役割がある。

投手側の腕は、バットが正しい軌道を通るようにリードする役割がある。腕を引くように使うので「引き腕」と呼ばれる。一方、捕手側の腕は、インパクトでボールを押し込む役割がある。腕を押すように使うので「押し腕」と呼ばれる。

注意したいのは引き腕の使い方。✕写真のようにヒジが伸びるとバットがカラダから離れるので力強いスイングが期待できない。いわゆる「ドアスイング」だ。カラダの開きが早くなってしまうので気をつけよう。

○ 引き腕を適度に曲げる

投手側の腕のヒジを曲げると、バットがカラダの近くを通る。これによって腕の力がバットに伝わりやすくなる。

☑ CHECK POINT

SCIENCE
科学

腕はカラダに近い方が力を発揮できる

背中側にあるモノを前に引っ張ろうとしたら、ヒジを伸ばすよりも曲げた方が力を発揮できる。つまり腕はカラダに近い方が大きな力を発揮できるということ。スイング時もバットはカラダの近くを通したい。

インパクトに向かって押し腕は急激に伸びる

3 どちらの腕もまっすぐ伸びる

POINT
ワキが閉じて腕は伸びる！

インパクトからフォロースルーにかけて、ワキは閉じ引き腕は緩やかに、押し腕は急激にまっすぐ伸びている。

左右の腕の速度差がヘッドを走らせる

引き腕と押し腕の動きをくらべると押し腕の方が大きく動いている。トップから振り出すときの押し腕のヒジは、当然個人差はあるが、概ね45～90度程度に収まる。一方、引き腕のヒジの角度は90～１３５度程度。

　つまり振り出しはじめた時点で、引き腕の方が先に伸びている。そしてインパクトに向かって、引き腕は緩やかに、押し腕が急激に伸びていく。この左右の腕のスピード差がヘッドを走らせるポイントになる。

　極端にいえば、途中で引き腕を止めて、押し腕がそれを追い越すような意識で振ることでヘッドが走る。

押し腕の使い方

1 振り出し局面の押し腕は鋭角

この時点の押し腕は鋭角に曲がっている。
一方引き腕はより角度が広がっている。

2 押し腕はまだ直角に近い曲がり方

押し腕の押し込みがはじまっているが、まだ直角に近い曲がり方。引き腕はさらに広がっている。

☑ CHECK POINT

PHYSICAL 身体

押し腕を伸ばすのはカラダの前にある筋肉

スイング中の押し腕の肩関節は水平屈曲(→P188)という「水平に刺さった釘を金槌で打つ」ような動作になる。これには主に大胸筋や三角筋(前面)が働くが、体幹の回転運動に連動させながら力を発揮していくことが重要になる。

大胸筋

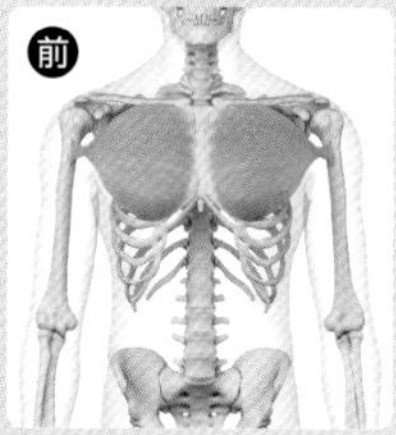

三角筋(前面)

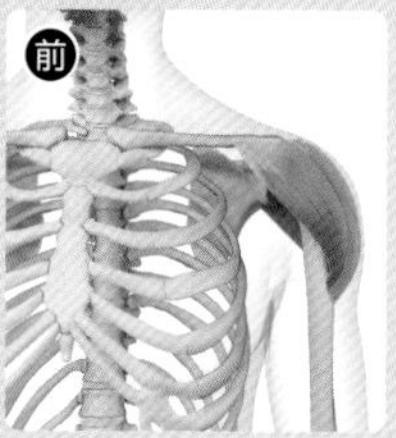

スイング中の三角形

体幹と両腕でつくる三角形が保たれる

かまえの時点ですでに体幹と両腕で三角形がつくられている。

結局フォロースルーまで体幹と両腕の三角形は保たれていた。

引き腕が伸び切ると三角形がつぶれる

「体幹と両腕で三角形をつくる」という指導は、昔からいわれてきたことだ。これは主に、トップで引き腕が伸び切ってしまう打者に対する意識づけだと思われる。

　なぜならトップで引き腕が伸び三角形がつぶれた状態で踏み出し足をステップすると、引き腕をうまく使えないだけではなく、カラダを早期に開いてしまいやすいからだ。つまりドアスイングになるということ。

　プロでもトップで引き腕が伸び三角形がつぶれている選手はいるが、彼らは総じて引き腕を引き寄せ再び三角形をつくれているので問題ないのだろう。

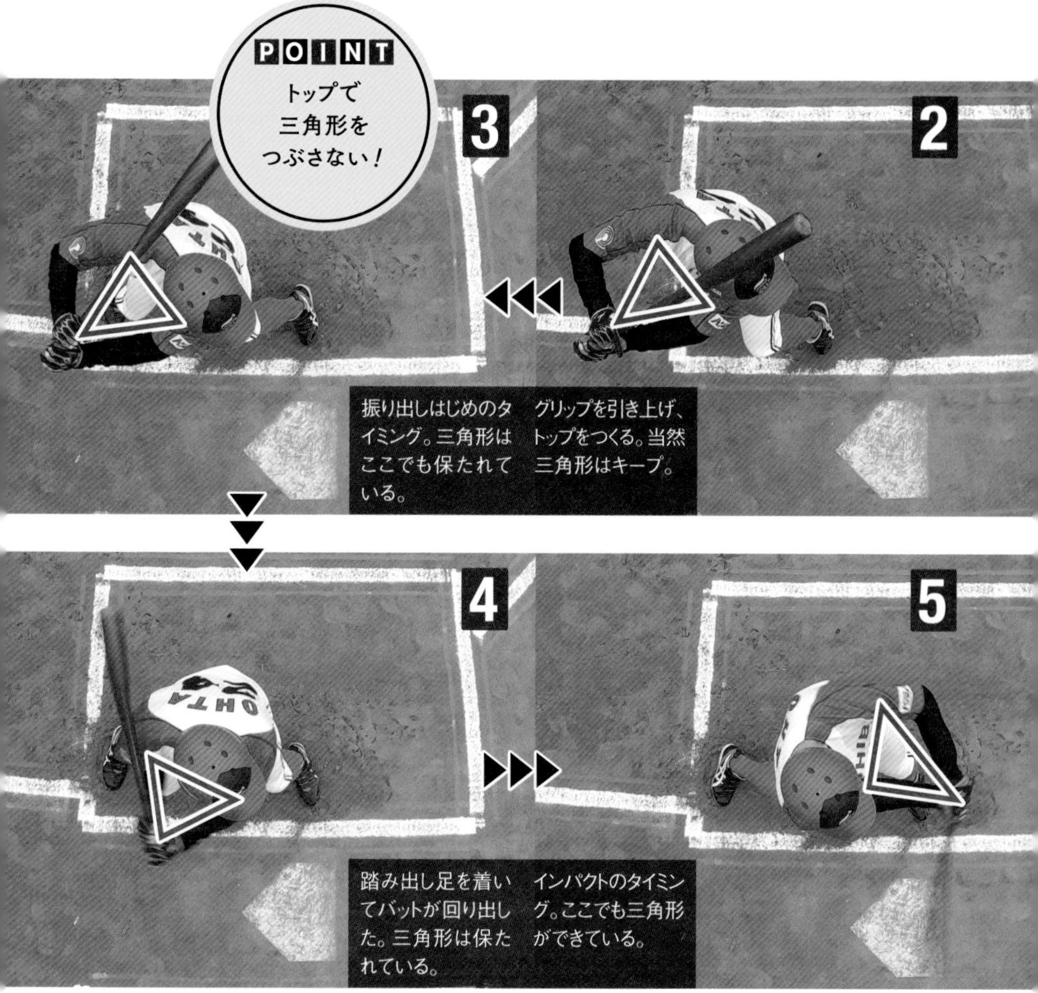
POINT
トップで
三角形を
つぶさない！
2
3
4
5

2 グリップを引き上げ、トップをつくる。当然三角形はキープ。

3 振り出しはじめのタイミング。三角形はここでも保たれている。

4 踏み出し足を着いてバットが回り出した。三角形は保たれている。

5 インパクトのタイミング。ここでも三角形ができている。

☑ CHECK POINT

技術 TECHNIQUE

グリップはいつでも胸の前にある

体幹と両腕で三角形をつくるということは、「胸の前にグリップがある」といい換えることもできる。三角形は自分では確認しづらいが、グリップ位置ならわかりやすい。調子を崩したときなどに確認してみよう。

さまざまな選手の腕の使い方 右打者

押し腕が引き腕を追い越すように急激に伸びて振り切った。

両腕ともまっすぐ伸びきりフォロースルーをしているが、頭や体幹はぶれていない。

インパクトからフォロースルーにかけて押し腕の手首が返っている。

写真からでもヘッドが走っているのがわかる力強いスイング。

PLAYERS DATA

【堅実なバッティングをする好捕手】

振り出しはじめのタイミング。グリップは胸の前にあり、三角形ができている。

引き腕でリードしながらバットがボールの軌道へ入っていく。

PLAYERS DATA

【中軸を任せられるパワーヒッター】

押し腕のヒジがカラダに近い理想的な腕の使い方をしている。

引き腕は伸び、押し腕が追い越すように急激に伸びインパクトで押し込む。

▶ さまざまな選手の腕の使い方 左打者

PLAYERS DATA

【巧みなバットコントールで中軸を担う】

ボクシングのアッパーパンチのように押し腕が出てきている。

インコースへのボールへ対応するためにカラダを回転させながらスイングを開始。

PLAYERS DATA

【勝負強さが光る好打者】

曲がっていた両腕のヒジはインパクト後には伸びている。

グリップエンドがボールに向き、引き腕でリードしながらスイングを開始。

ヘッドが走り、両腕ともに伸び切ってフォロースルーをしている。

押し腕が引き腕を追い越すようにスイングされて手首が返った。

ヘッドが走りカラダに巻きつくようにフォロースルーしている。

押し腕でしっかり押し込み、その勢いで手首が返っている。

正面から見たバント姿勢

軸足を後ろに引いて、ストライクゾーンの高めいっぱいにバットをかまえる。

目線をバットの高さに合わせヘッドを下げない

低めのコースは手ではなく足で合わせる

バントも通常のバッティングと同様、人それぞれ意識するポイントが異なるので、ここでは基本的なバントを紹介する。

まずは前後に移動しやすいように軸足を背中側に引き、バットはストライクゾーンに高めにかまえる。バントではバットを上げるとフライになりやすいので、あらかじめ高めにかまえておくとよい。低めのボールに対してはヘッドを下げるのではなく、股関節を曲げてカラダ全体を下げる。手だけで合わせにいくと、ヘッドが下がり当たってもフライになりやすいので注意しよう。また目線はバットの高さに合わせボールを後ろから見る。

横から見たバント姿勢

POINT
股関節の
曲げ具合で
高さを調整！

目線はできるだけバットの高さに合わせ、ボールを後ろから見る。上下の調整は手ではなく股関節の曲げ伸ばしでおこなう。

☑ CHECK POINT

TECHNIQUE

技術

走者一塁では一塁方向へ転がすのがセオリー

バントをおこなうケースが多いのが走者一塁だろう。この状況では一塁手はベースに着いているため一塁方向へ転がすのがセオリー。右打者なら、左腕を押し出しヘッドを引いて一塁線を狙う。

さまざまな選手のバント

PLAYERS DATA

【思い切りのよいスイングが武器】

アウトコースのボールに対してバントをしているシーン。体幹を前傾させて対応している。決して腕だけで合わせにいかない。

PLAYERS DATA

【広い守備範囲と強肩が武器の内野手】

低めのボールに対しては股関節をしっかり曲げ、カラダ全体を下げている。そのため低めであっても目線をバットに近づけられている。

PLAYERS DATA

【巧みなバットコントロールで中軸を担う】

これも低めのコースに対してバントしている。軸足のヒザが地面に着くほどカラダを下げている。教科書どおりのバントフォーム。

PLAYERS DATA

【鋭いスイングが持ち味の外野手】

軸足を本塁側へ出すオープンスタンス。このかまえの方がバントをしやすいという選手もいるので、気になる人は試してみるとよい。

試合前にもう一度！

ココだけはチェック

トップから振り出し、インパクトまでのスイングには好打者に共通するポイントがある。大切なことは、手で当てにいかず、地面から得た反力によって体幹を回転させた勢いを、無駄なく腕へと伝えること。「バッティングは足がつくる」ということを覚えておこう。

CHECK POINT

☑ 軸足荷重のまま踏み出しているか？

当てる意識が強すぎると、体重が一気にステップした踏み出し足に乗ってしまう。これではカラダが早期に開くし、緩急への対応も難しい。

CHECK POINT

当てるときにヘッドが下がっていないか？

高低のボールに対して手を伸ばすことで当てにいくとフライになりやすい。股関節の曲げ具合によってカラダ全体を使って対応すること。

CHECK POINT

引き腕と押し腕の使い方を理解しているか？

投手側の引き腕は、バットが正しい軌道を通るようにリードする役割がある。一方捕手側の押し腕は、インパクトでボールを押し込む役割がある。

CHECK POINT

踏み出し足でカベをつくっているか？

踏み出し足のヒザとつま先を本塁側へ向け、足をカベのように使って踏み込む。ここで得られた地面反力が体幹の回転運動を加速させる。

COLUMN

野球トレーニングを考える③

筋力トレーニングだけで終わらせない

近年、競技種目を問わず選手の体格がサイズアップしている傾向がある。以前は動作のキレが落ちたり、競技動作に弊害があるなどの理由から筋力トレーニングが敬遠されがちだった競技でも、たくましい筋肉をまとった選手を目にするようになった。

野球も一昔前は「野球に必要な筋力は、野球でつける」という考えが多数派だったように思う。実際、毎日素振りをすればスイングに必要な筋力はつくだろうし、ノックや走り込みでも下半身は強化できる。だが、これらの練習に加えて、近年はさらに筋力トレーニングを取り入れている選手が増えてきた。野球部の練習として組み入れいている高校なども多い。

しかし、ひとつ気をつけておきたいことは、高重量の筋力トレーニング“だけ”では、速く動こうとする神経の働きが鈍くなってしまうため、動作のキレが落ちてしまう可能性があるということだ。そのため、高重量の筋トレだけで終わらせず、その後に素振りやアジリティ系など瞬発力を発揮するトレーニングを併行しておこないたい。そうすることで、パワーとスピードの両方をバランスよく引き上げることができるだろう。

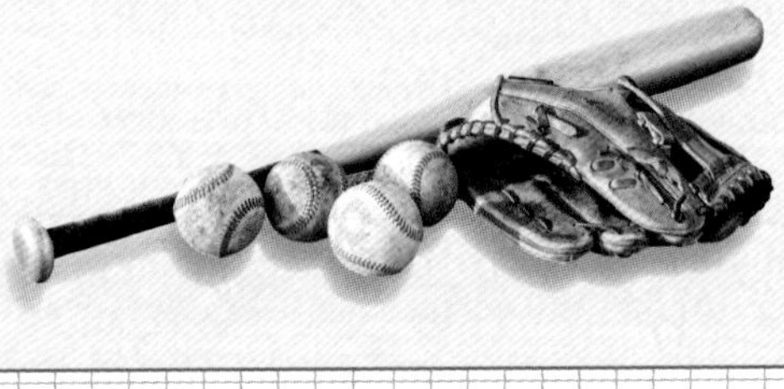

PART

3

スイング軌道を探求する

スイング軌道と、コースや高さへの対応について解説する。一歩踏み込んだ内容になっているので、PART1と2を正確に身につけてから取り組んでほしい。

PART 3

スイング軌道を探求する

打球をより遠くへ飛ばすためのスイング軌道を身につけよう

1 スイング軌道①

P86へGO!

ヘッドが加速するバットの振り下ろし方を解説。グリップを頂点に逆円すいを描くように振り下ろす。

2 スイング軌道②

P88へGO!

NGとの比較で振り下ろす軌道を解説。ヘッドは最短距離ではなく、弧を描くように回すことでヘッドが走る。

5 インパクト②

P94へGO!

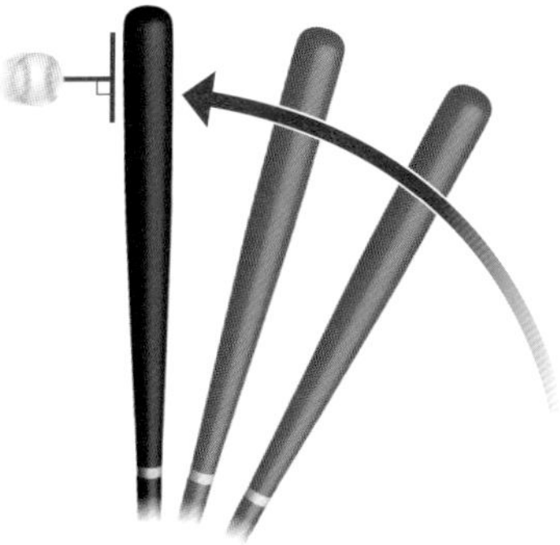

上から見たときのボールとバットの角度について解説。ボールに対して直角にバットを出すことが遠くへ飛ばす秘訣。

6 インパクト③

P96へGO!

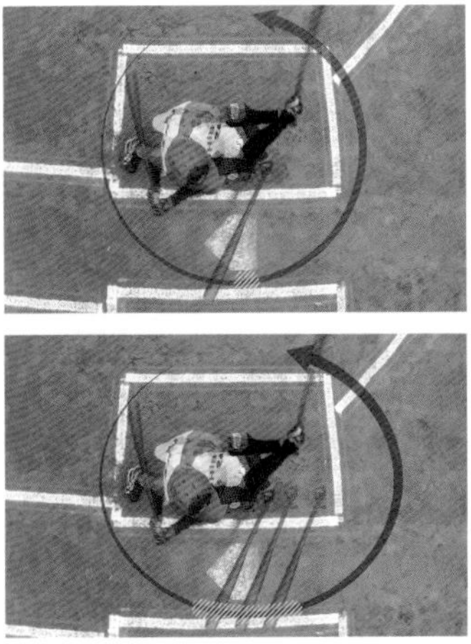

インパクト時のスイング軌道について解説。並進気味にスイングするタイプと、円軌道でスイングするタイプにわかれる。

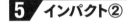

3 スイング軌道③

P90へGO!

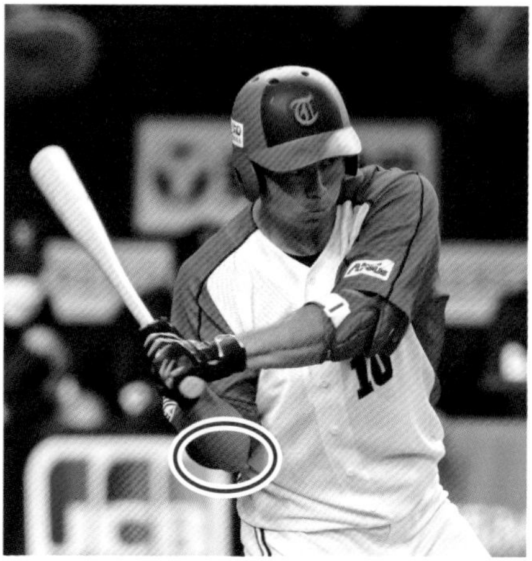

インサイドアウト軌道について解説。ポイントは右ヒジの使い方。お腹の前に近づけながら振り出せばインサイドアウト軌道になりヘッドが走る。

4 インパクト①

P92へGO!

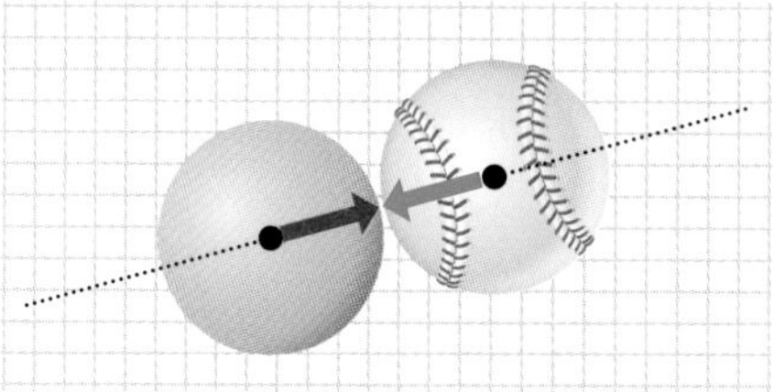

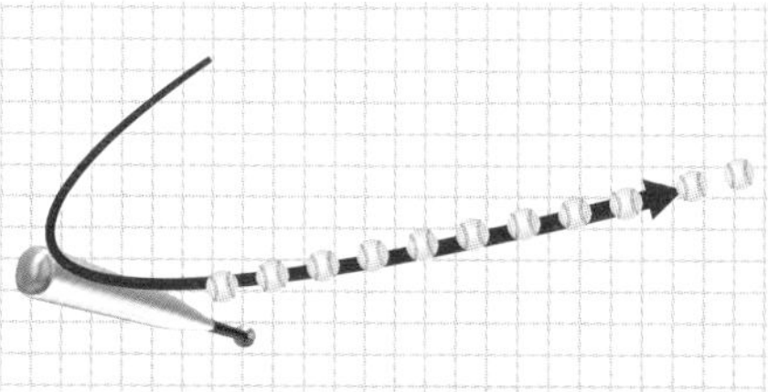

インパクト時のボールとバットの角度について解説。落ちてくるボールに対して正面衝突させられるように、ボールの軌道へバットを入れることがポイントになる。

7 コースへの対応

P100へGO!

インコースとアウトコースへの対応方法を解説。ポイントは腰と肩の回転。インコースは腰と肩を大きく回し、アウトコースは回転を抑えヒジを伸ばす。

8 高さへの対応

P104へGO!

高めと低めのコースへの対応方法を解説。ポイントは体幹の傾き具合。高めは体幹を立ててスイングし、低めは体幹を前傾させる。それに加えて肩の回転量を調整する。

トップからのバットの動き

トップからの振り出しは背中側へ回す動きが入る

踏み出し足をステップさせるタイミングでヘッドがわずかに前傾。
ヘッドをやや投手側へ傾かせてトップをつくっている。
グリップエンドが投手側、ヘッドが捕手側を向き水平になっている。
右ヒジがお腹の前を通り、グリップエンドから前に出る。

背中側へ回す動きがヘッドを走らせる

トップからバットを振り下ろすときの動きは、ヘッドで小さく円を描くように回しながら下ろしたり、とくに動きを入れずに下ろしたりと選手によって多少異なる。海外の選手の中には一度ヘッドを完全に投手へ向けてから下ろす選手もいる。

どのタイプにしろ大切なことは、トップからバットはすぐに捕手側へ倒すのではなく、背中側に回しながら振り下ろすということ。ヘッドを走らせるためにはこの動きが欠かせない。

上の連続写真でも**2**から**3**に移るときにヘッドが多少投手側へ傾き、背中側へ回りながら振り下ろしている。

ヘッドが前傾から小さく回って背中側へ回していく。
バットが背中側へ倒れると同時に右ヒジがお腹に近づく。
POINT
ヘッドが最後に出る！
腕が伸びヘッドが遅れて加速しながら前に出てきた。
加速した勢いのままフォロースルーをしている。

☑ CHECK POINT

技術 TECHNIQUE

再現性とヘッドの加速のどちらを優先させるか

一度ヘッドを投手側へ向けて振り下ろす打者は海外に多い。動作が大きいので再現性を保つには技術が必要だが、ヘッドは強烈に加速するだろう。スイングの再現性とヘッドの加速のどちらを優先させるかという問題だ。

ヘッドは直線的ではなく弧を描きながら落下する

✕ ヘッドが直線を描くように振る

下半身を使えず、腕の力に頼って振ると、上から振り下ろすようなスイングになりやすい。

ヘッドが加速する軌道を身につける

少年野球の現場では、バットを上から振り下ろしてしまう打者が多い。コーチに「上から叩け」と指導されたり、下半身の筋力が成長していないため手打ちになっていたりと理由はさまざまあるが、いわゆる「大根切り」という✕写真のようなスイングになっている。これではヘッドの軌道は直線的で移動距離も短いため効率よく加速することが難しい。

◎写真にあるように弧を描くような軌道で振り下ろすと、移動距離も長くなりヘッドが加速する。スイング動作では、トップから背中側へ倒したヘッドで弧を描くことが大切になる。

POINT
手を脱力させ
重力に任せて
自然に振る!

ヘッドが弧を描くように振る

グリップを握る手が適度に脱力し、下半身から始動すれば
ヘッドは重いため自然と弧を描いて落ちていく。

CHECK POINT

科学 SCIENCE

滑り台の形も同じ考え方からなる

●印から●印まで移動するとき、Ⓐの直線よりもⒷの曲線の方が速い。この曲線を「サイクロイド曲線」と呼ぶ。直線よりも重力による加速を得られる。スイングも弧を描くように振り下ろせば効率よく加速させられるということだ。

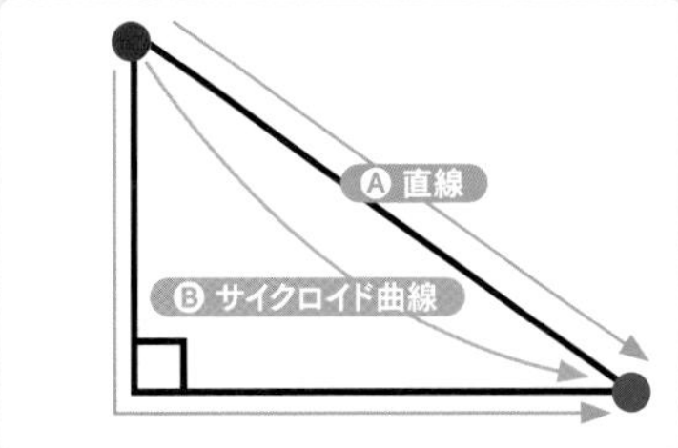

押し腕の使い方

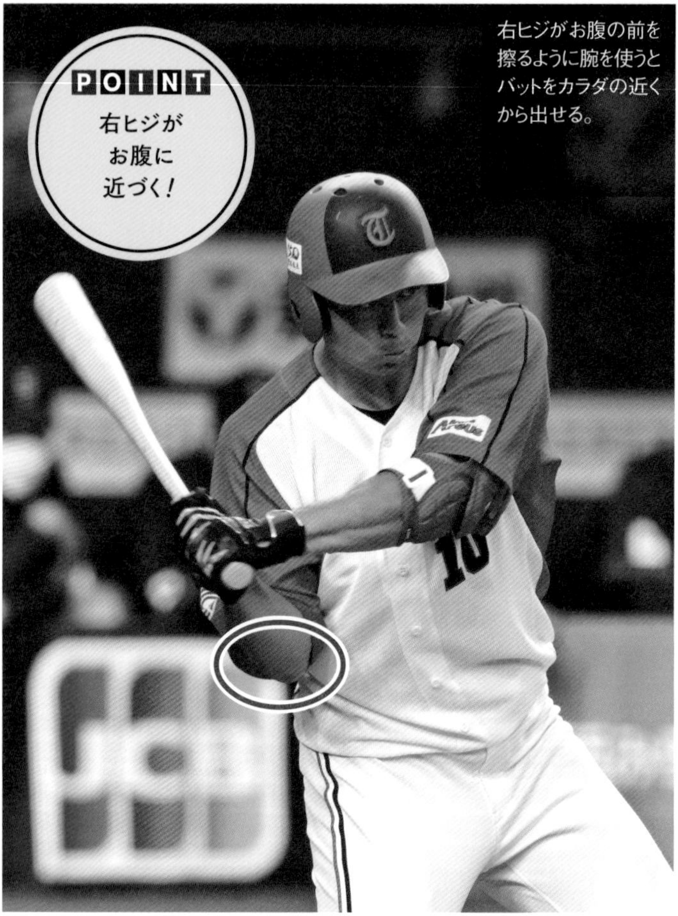

POINT
右ヒジがお腹に近づく！

右ヒジがお腹の前を擦るように腕を使うとバットをカラダの近くから出せる。

インサイドアウト軌道ならヘッドが加速しやすい

右ヒジの使い方は好打者に共通している

コーチから「グリップエンドをボールに向けろ」という指導を受けたことのある選手は多いと思う。これはインサイドアウト軌道でバットを出すための意識づけなのだが、その意図を理解していないとスイングが崩れることもある。

インサイドアウト軌道とは、カラダの近くからバットを出す軌道のこと。上の写真のように右打者なら右ヒジがお腹を擦るように腕を使えるとよい。これは好打者に共通するポイントのひとつであり、必ず習得しておきたい技術。インサイドアウト軌道になればヘッドを加速させながら出すことができる。

インサイドアウト軌道のスイング

グリップエンドをボールに向けて振り出すことは、インサイドアウト軌道を習得するための意識づけになる。ヘッドは遅れて加速しながら出てくるのが理想。

CHECK POINT

TECHNIQUE

技術

アウトサイドイン軌道はヘッドが走らない

グリップがカラダから離れるアウトサイドイン軌道だと、振りはじめてすぐにヘッドが前に出てしまうため、加速しづらい。

ボールの軌道にバットを入れ正面衝突をさせる

落ちてくるボールに正面衝突

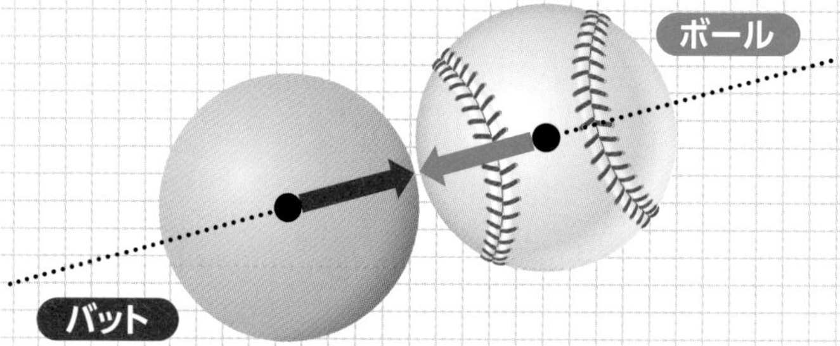

POINT
正面衝突が打球を強くする！

どんなにキレのあるストレートでもボールは落ちながら本塁へ向かってくる。そのボールに正面衝突させるようにバットを当てると強い打球が飛ぶ。

落ちてくるボールにややアッパーでぶつける

バットがボールをとらえる瞬間をインパクトと呼ぶが、強い打球を打つには、このインパクトの瞬間のバットとボールの角度が重要になる。

理想は、横から見たときにボールに対して平行にバットを当てること。つまり、ボールの軌道にバットを入れて正面衝突させるということだ。

ストレートであってもボールは落ちながら本塁へ向かってくるため、正面衝突させるにはバットをややアッパースイングに振る必要がある。「やや」がポイントで、過度なアッパースイングになるとボールの下を叩きポップフライになりやすい。

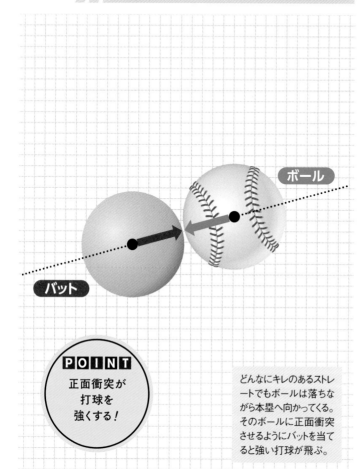

ボールの軌道にバットを入れる

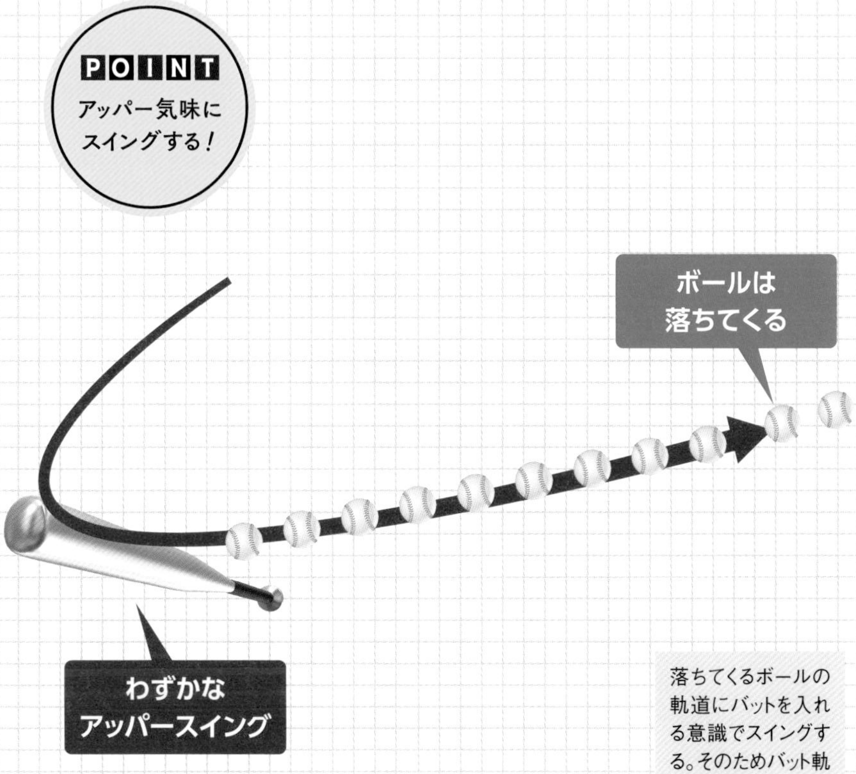
POINT
アッパー気味に
スイングする！
ボールは
落ちてくる
わずかな
アッパースイング

落ちてくるボールの軌道にバットを入れる意識でスイングする。そのためバット軌道はややアッパースイングになる。

☑ CHECK POINT

技術
TECHNIQUE

「ボールを上から叩け！」の真意とは？

バッティングの指導で、「ボールを上から叩け」というフレーズは、昔からいわれてきた。この言葉を真に受けて振り下ろすと当然打球は飛ばない。これは振り出しでヘッドが下がることを避けるための助言ととるべきだろう。

ボールに直角に当てるため押し手で最後にひと押しする

バットの角度と打球の関係

［頭上から見たイメージ図］

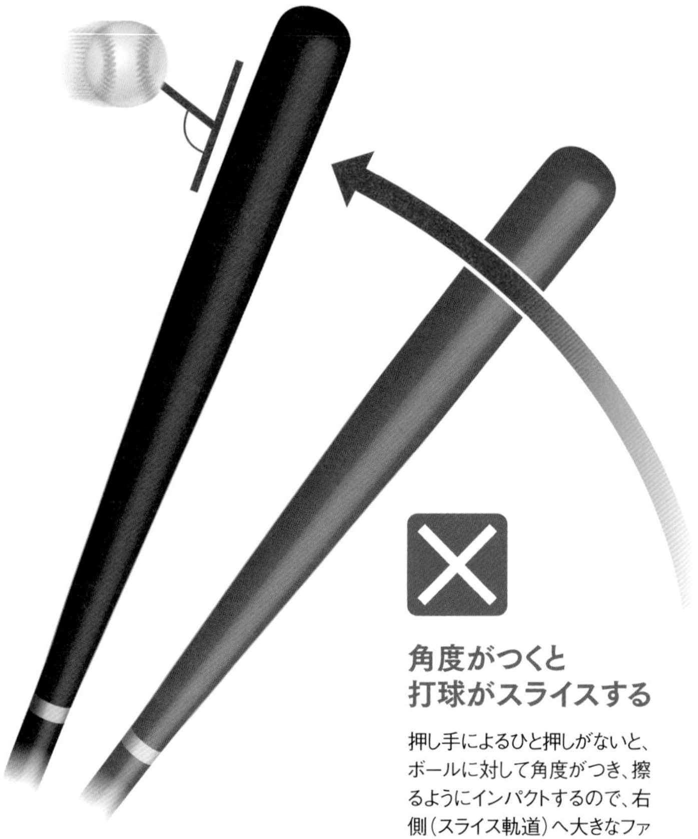

角度がつくと打球がスライスする

押し手によるひと押しがないと、ボールに対して角度がつき、擦るようにインパクトするので、右側（スライス軌道）へ大きなファールが出やすい。

打球が大きく右に曲がる2つの理由

「ボールをとらえた手応えはあったのに、打球は大きくライト方向へ曲がってファールになった」という経験は、多くの右打者にあると思う。

打球が右に曲がる（スライスする）理由は主に2つ。

1つはボールの軌道。外角に逃げていくボールを打つと、どうしてもスライスしやすい。

もう1つはボールに対するバットの角度。振り遅れてヘッドが出てこないと、ボールに対して斜めに擦るように当たるのでスライスしてしまう。ボールに対して直角に当てるには、押し手のヒジを伸ばして最後のひと押しをする意識をもつとよい。

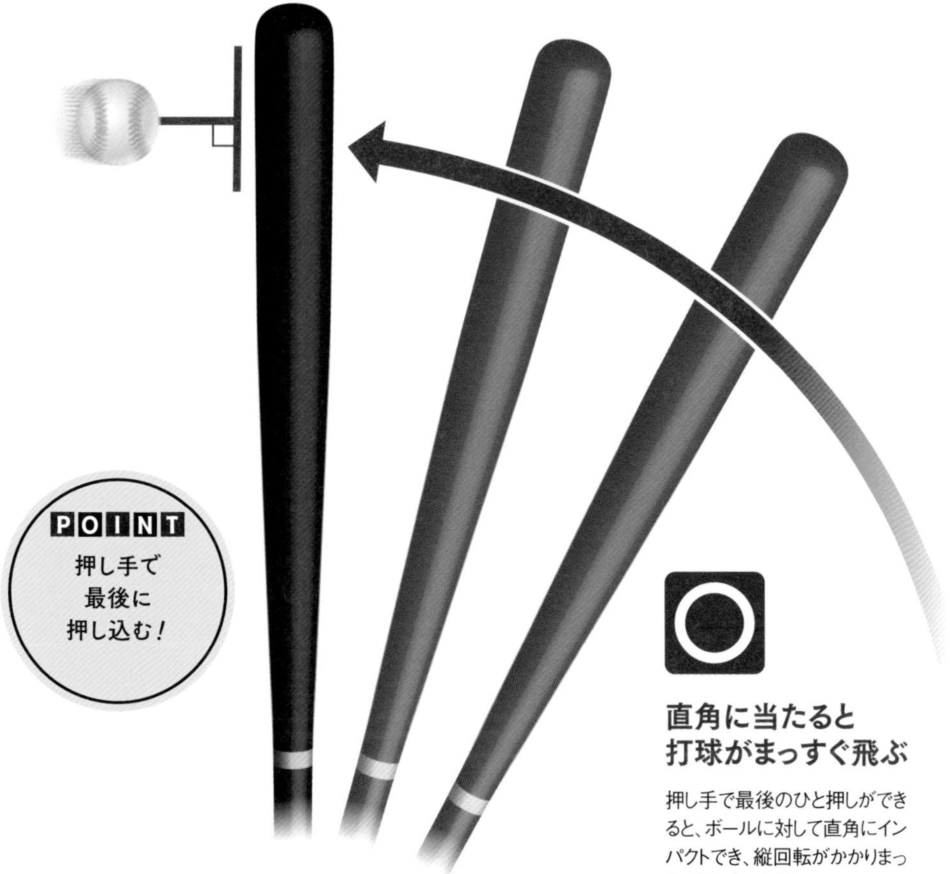

直角に当たると 打球がまっすぐ飛ぶ

押し手で最後のひと押しができると、ボールに対して直角にインパクトでき、縦回転がかかりまっすぐ飛びやすくなる。

☑ CHECK POINT

TECHNIQUE

技術

「ひっかける」くらいの 意識でスイングする

バッティングの指導では「ひっかけるな」というフレーズをよく耳にする。だがボールに直角に当てるためには、ひっかけるくらいの意識で押し手を使った方が結果としてまっすぐ遠くへ飛ぶ。ただし、スイング始動が早く体勢が崩されてからのひっかけはダメだ。

インパクト付近の軌道には回転と並進の2タイプがある

タイプ① 円軌道でインパクトする

ヘッドが円を描くようにスイング。ミートポイントは点になるが、ヘッドは加速しやすい。

インパクトが線になるか点になるか

インパクト付近の軌道は大きく2つのタイプにわけられる。

1つは円軌道でスイングするタイプ。メジャーリーグで右打者のファールが三塁側ベンチに飛び込むシーンを度々目にするが、これは回転し続けたことでヘッドが走り、勢いのある打球になるからだろう。

もう1つはインパクト直前にバットが並進気味に出るタイプ。日本人に多い軌道だ。

前者は当たれば強い打球が飛ぶがミートポイントが点。後者の並進軌道はミートポイントが線になるのでボールをとらえやすいがスライスもしやすい。

タイプ② 並進気味にインパクトする

インパクト直前は並進気味になるスイング。ミートポイントが線になるが、タイプ① と比較するとヘッドは走らない。

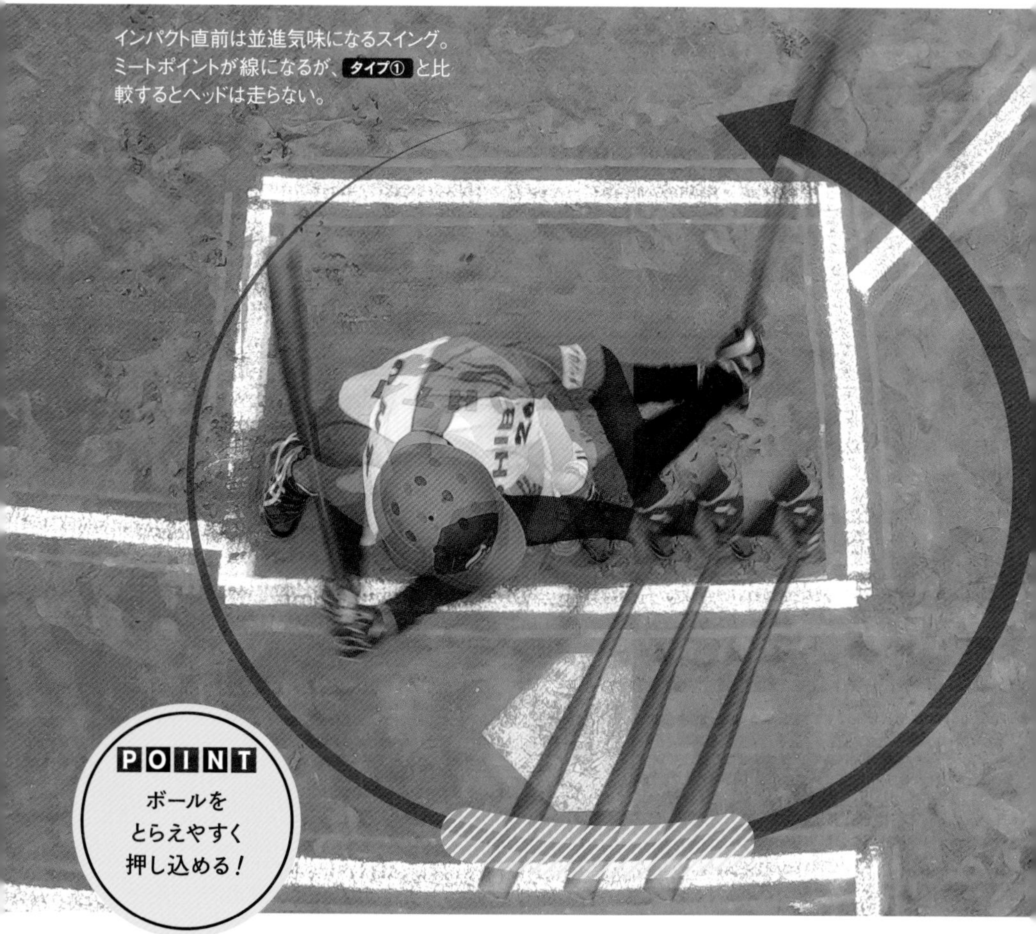

POINT

ボールをとらえやすく押し込める！

☑ CHECK POINT

技術 TECHNIQUE

インパクト時のバット位置に正解はなし!?

一般的には、「ヘソの前」か、「左足の前」かにわかれる。前者ならボールを呼び込めるためミートしやすいが、押し腕が窮屈になる。後者はヘッドが走りやすいが、ポイントが前になるので当てるのがやや難しい。どちらにも一長一短がある。

好打者のマルチアングルスイング軌道

トップの時点でヘッドの先端が確認できる。つまりバットはやや前傾。

グリップエンドを捕手側へ引き上げてトップをつくっている。

右ワキは開いてグリップを引き上げトップをつくる。

背中側を回ってきたバットがグリップエンドから出てきた。

グリップエンドを追い越してヘッドが走って出てくる。

倒れたバットが回って出てきて水平に近い角度になっている。

ヘッドが走ったフォロースルーでヒジもまっすぐ伸びている。

振り出し時は右ワキが閉じられヒジがお腹の前に近づく。

カラダの軸を保ったままフォロースルーをしている。

内外のコースは腕ではなく腰と肩の回転量で対応する

POINT
腰と肩を
大きく回す!

左ヒジを曲げながら体幹を回転させて引っ張り気味にインパクトする。

POINT
腰と肩を
あまり
回さない!

両ヒジを伸ばしながらインパクト。意識は流すよりセンター返しのつもりで振る。

インコースとアウトコースへの対応

インコースとアウトコースの打ち方について考えてみよう。何も考えずに振ると、ヒジの曲げ伸ばしだけで対応しがちだが、好打者ほど腰と肩、つまり体幹の回転量を調整することを先におこなっている傾向がある。

インコースを引っ張るときは、まず腰と肩を大きく回す。それから左ヒジを曲げてインパクトしている。通常のスイングよりもカラダの開きが早くなる。

一方アウトコースは、腰と肩の回転を抑えている。そしてヒジを伸ばし気味にインパクトする。当然、これが唯一の正解ではないが、コースへの対応の仕方として覚えておこう。

インコースの打ち方

足をまっすぐ踏み出し振り出したら、通常のスイングよりも腰と肩の回転が早くおこなわれる。

アウトコースの打ち方

足をやや踏み込み気味に出し、腰と肩の回転は通常よりも抑え気味になる。

ルール

ストライクゾーンの横幅はボール6個プラスアルファ

ホームベースの横幅は17インチ（約43.2㎝）。硬式球の直径が72.9～74.8㎜なので、約6個分。ただしルール上、ボールがホームベースをかすればストライクとなるので、実質は左右にプラス1個分ずつ広くなる。

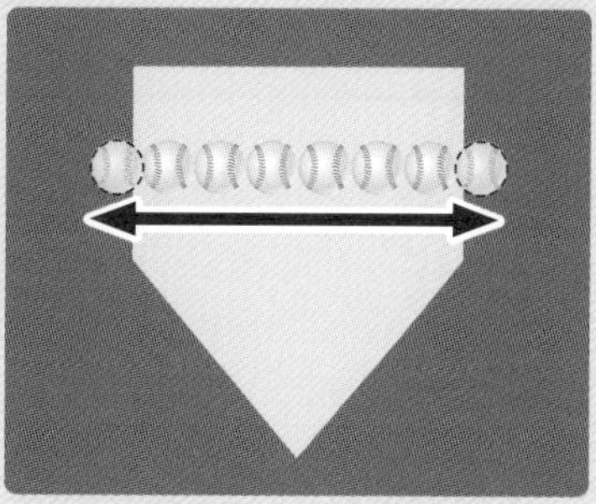

▶ インコースとアウトコースのスイング

腰と肩が回り、左ヒジをうまく畳みながらスイングしている。前足のカベもできている。

腰の回転量が大きいので、前足のカベに対する体幹のねじれがとても大きく見える。

両ヒジがきれいに伸びて、反対方向へ打ち返しているのがわかる。

両ヒジを伸ばしてインパクトしたのでフォロースルーも大きく見える。

SWING DATA

【インコースのスイング】

スタンスはやや広くとり、肩の高さにグリップをかまえたスタンダードなかまえ。

インコースだと認識して腰の回転がはじまり出したようにも見える。

SWING DATA

【アウトコースのスイング】

リラックスしたかまえの姿勢。この時点ではコース別の変化は見られない。

腰と肩の回転が止まり、両ヒジを伸ばしながらアウトコースへバットを出している。

高低への対応は体幹の傾きと肩の回転量を調整する

POINT
体幹を立て
肩を回す！

インパクトからフォロースルーで左ヒジを引き気味にスイングしている。肩の回転は低めと比較すると大きいことが一目瞭然。

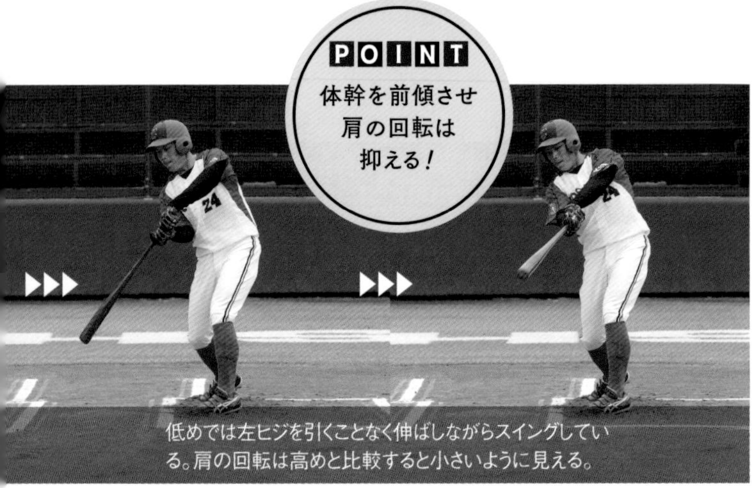
POINT
体幹を前傾させ
肩の回転は
抑える！

低めでは左ヒジを引くことなく伸ばしながらスイングしている。肩の回転は高めと比較すると小さいように見える。

まずは体幹の傾き度合いを調整する

高めと低めの打ち方について考えてみよう。ここで紹介する打ち方は、唯一の打ち方ではなく一つの手段にすぎないが、多くの打者に共通していることなので、覚えておいて損はないだろう。

高めのボールを打つときは、体幹を傾けずに振り出す。そして左ヒジを引き、腰に対して肩を大きく回しながらインパクトするとよい。

一方低めのボールを打つときは、まず体幹を前に傾けて、右ヒジをよりお腹に近づけながら振り出す。そして左右のヒジを伸ばし、腰に対して肩をあまり回転させずにインパクトする。

高めの打ち方

振り出し時の体幹がかまえのときからあまり変わっていない。つまり体幹を起こしたままスイングをはじめている。

低めの打ち方

かまえの姿勢と振り出しの姿勢では体幹の角度が違う。振り出しで体幹を前傾させることが低めの対応で最初にやることだ。

☑ CHECK POINT

SCIENCE

▼ 科学

高めと低めではヘッドスピードが変わる

経験として、低めの方が速く振れると感じている打者が多いと思う。実際に高めよりも低めの方がヘッドスピードは速い。理由は重力。高めは重力に抗うため遅くなり、低めは重力を利用できるので速くなりやすいのだ。

好打者の高めのスイング

PLAYERS DATA

【堅実で安定感のある好打者】

ストライクゾーンの高めいっぱいにバットを振り出し、肩を回転させている。

ボールが高めであることを認識して体幹を立てたままスイングを開始している。

PLAYERS DATA

【勝負強さが光る好打者】

右ヒジを引きながら押し手でボールを押し込むようにインパクトしている。

体幹をそこまで傾けることなくバットを振り出している。

左股関節を軸に回転することは高めのコースであっても共通しているポイントだ。

ボールに逆らわずきれいにセンター方向へ打ち返しているように見える。

高めのコースはヘッドを走らせづらいが、しっかり振り抜いているように見える。

インパクトからフォロースルーにかけてヒジが伸びていく。

▶ 好打者の低めのスイング

PLAYERS DATA

【センスが光る投打の二刀流】

踏み出し足の股関節が曲がり(屈曲)、体幹を前傾させている。

グリップ位置が比較的に低めにあるリラックスしたかまえ。

左ヒジが伸び、低めのコースにしっかりバットが出ている。

低めだからといって無理にすくい上げることなく自然に振り抜いているように見える。

低めのスイングだからなのか、ヘッドが走りダイナミックなフォロースルーに見える。

インパクト後は左股関節が伸び（伸展）、地面反力をスイングにいかしているように見える。

PLAYERS DATA

【広い守備範囲と強肩が武器の内野手】

グリップを頭の高さまで上げている。すぐにトップがつくれるかまえだ。

この時点で低めであることを認識して、体幹を前傾させているように見える。

試合前にもう一度！

ココだけはチェック

この章では主にスイング軌道について解説した。基本的に飛距離とヘッドスピードは比例するため、強い打球を打つにはヘッドを走らせる必要がある。またボールのコースが違えば、それに応じたスイングをする必要もあるので、しっかりチェックしておこう。

CHECK POINT

ヘッドが弧を描くような軌道でバットを振り下ろせているか？

バットを背中側へ回してから弧を描くように振り下ろし、右ヒジがお腹の前を通るインサイドアウト軌道で出す。焦って手打ちになるとアウトサイドイン軌道になりやすいので注意しよう。

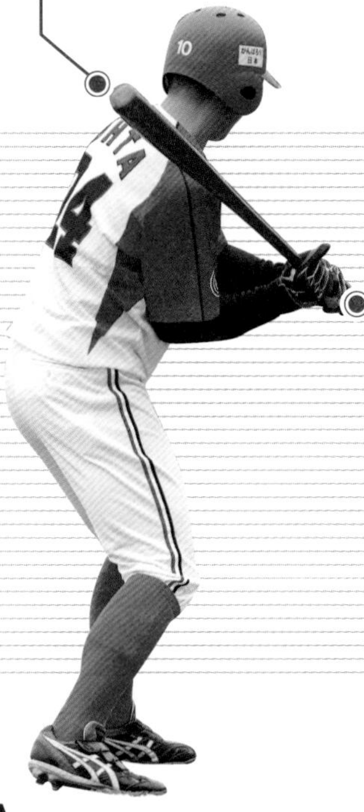

CHECK POINT

落ちてくるボールの軌道にバットを入れられているか？

どんなに速いストレートも落ちてくる。そのボールの軌道にバットを入れて正面衝突させることが打球を飛ばすポイント。つまりややアッパースイングが理想。ボールを上から叩くダウンスイングで飛ばすことは難しい。

CHECK POINT

インコースとアウトコースのスイングの違いを把握しているか？

インコースは腰と肩の回転量を大きくして対応する。あえて早期にカラダを開いて打つようなイメージだ。一方アウトコースは腰と肩の回転量を抑えて両ヒジを伸ばしてスイングする。

CHECK POINT

高めと低めのスイングの違いを把握しているか？

高めは体幹を立てたままスイングする。また腰に対して肩の回転量を大きくするとよい。低めは体幹を前傾させてスイングする。また腰に対して肩の回転量を抑える。低めは重力の関係でヘッドが自然に走りやすい。

COLUMN

野球トレーニングを考える④

限られた時間を無駄にしない

プロ野球選手でもない限り、多くの選手は制約された時間のなかで練習をおこなっているだろう。学生であれば、グラウンドを使用できる曜日や時間帯にも制約がある。この限られた時間を有効に使うには、無駄な練習は省きたい。そのなかには、ルーティンとして毎日おこなっている練習もあるはずだ。

ある動作を習得したにもかかわらず、動作を維持するために、同じ練習をくり返すことを「過剰学習」と呼ぶ。自転車に乗れるようになったのに、それを維持するために毎日自転車に意味もなく乗る人はいないだろう。これは極端な例ではあるが、習得できた練習はその後の練習量や頻度を減らしても、定期的におこなえば技術を維持できるとされている。

たとえば、バント処理からのベースカバーの動きなどは、約束事などを共有できたら毎日時間をかけておこなう必要はなく、頻度を減らしてもよいということだ。もちろん、まったくやらなければ忘れてしまうし、カラダも反応できなくなるので、チームや個人によってその加減は判断する必要はある。

過剰練習が減れば浮いた時間を個人練習やほかのチーム練習に充てることでき、さらなる技術やチーム力向上が期待できるだろう。

PART

4

ボールを見る技術

ボールの見方を解説する。ボールはただ見ていればよいわけではない。ここには確かな技術があり、練習をすることで向上させることもできる。

向かってくるボールを見る技術を磨いていこう

1 ボールの見方①

P118へGO!

ボールの見方として、ボールをできる限り見続けるという方法を解説。リリースから中心視野でボールをとらえ続け、目で追えなくなったらコースを予測したところにバットを出す。

3 ボールの見方③

P122へGO!

先回りしてボールを見る方法を詳しく解説。周辺視野で投手とボールを見ながら、中心視野は手元へ向けておく。頭は動かさずに眼球だけを動かす。

2 ボールの見方②

P120へGO!

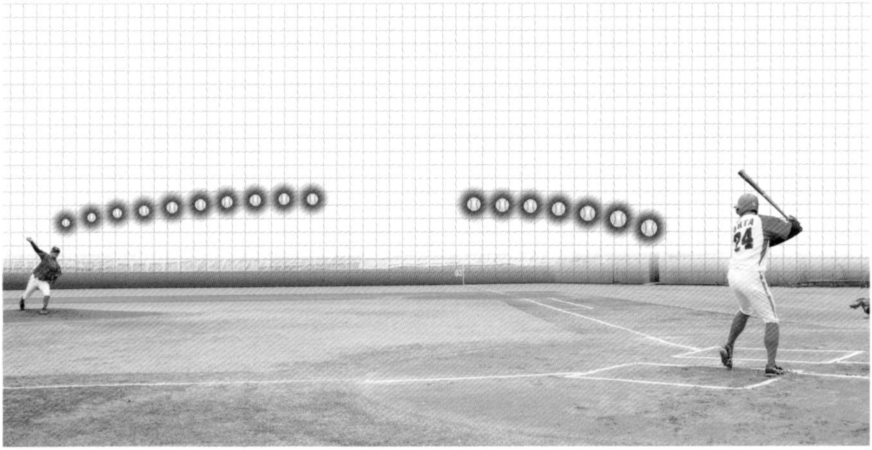

もうひとつのボールの見方を解説。こちらは先回りをしてボールを待ち受けるというやり方。周辺視野と中心視野を使い分ける高度な方法になるが、好打者が取り入れているボールの見方でもある。

4 打者の反応

P128へGO!

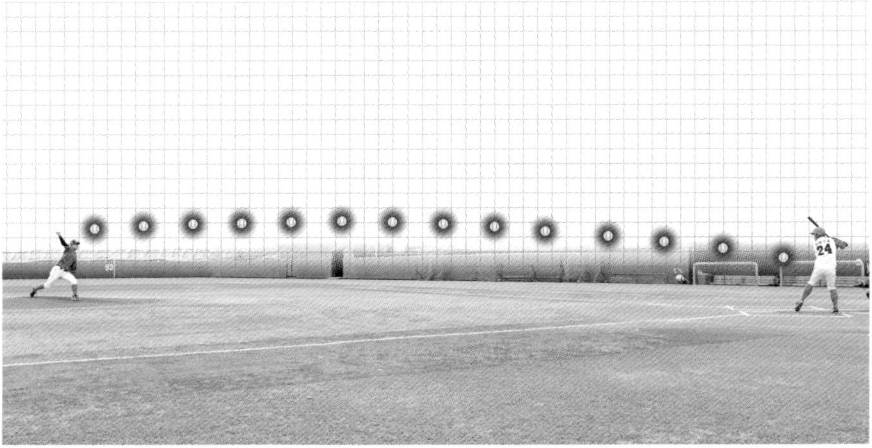

投手がボールを投げてから本塁へ到達するまでの間に打者がおこなう2つの決断について解説。打者はわずかな時間の中で「スイングをするかどうか」と「どのコースに振るか」を考えている。

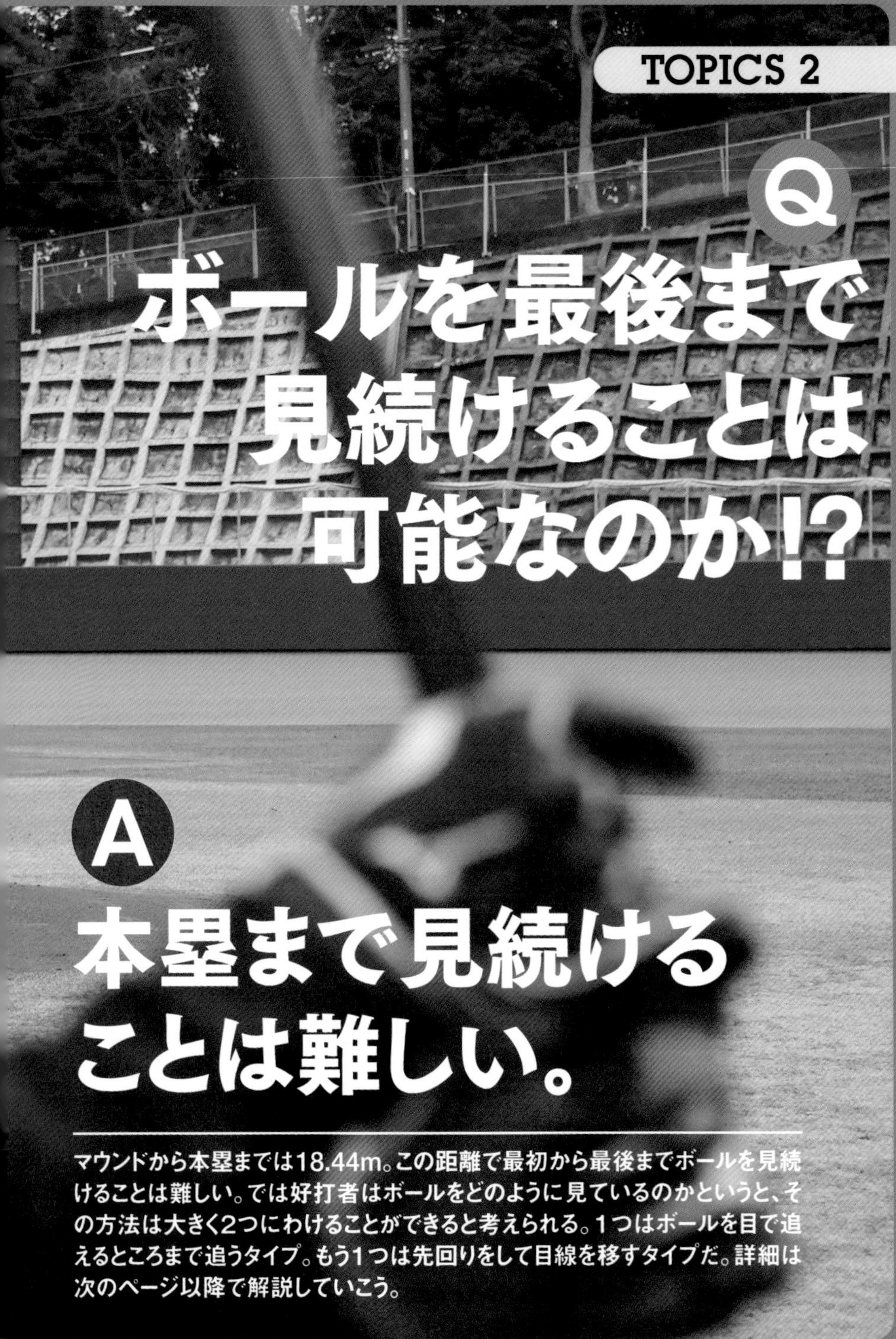

TOPICS 2

Q ボールを最後まで見続けることは可能なのか!?

A 本塁まで見続けることは難しい。

マウンドから本塁までは18.44m。この距離で最初から最後までボールを見続けることは難しい。では好打者はボールをどのように見ているのかというと、その方法は大きく2つにわけることができると考えられる。1つはボールを目で追えるところまで追うタイプ。もう1つは先回りをして目線を移すタイプだ。詳細は次のページ以降で解説していこう。

116

タイプ① 可能な限り視野に入れ続ける

目で追えるところまでボールを見続ける

最終的には予測した位置にバットを振る

　ボールの見方の1つ目は、できるだけ追い続けるという方法。打者は、投手の手から離れたボールからいくつかの情報を読み取る。

　まずはボールの位置。次にボールの大きさが変化する速度。そこから速球か変化球かを判断する。そしてその情報を元にコースを予測する。

　この予測はボールを見る時間が長いほど正確になるだろうが、ボールは速く、近づくにつれ目で追うことが困難になる。また見てから振り出しても遅いので、打者はある程度の距離で追うことをやめ、予測した位置にバットを振り出すことになる。

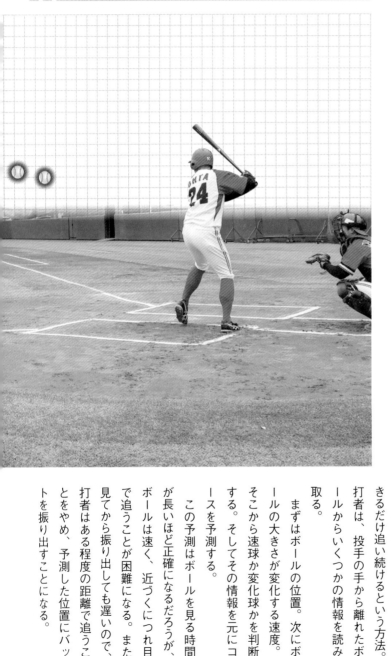

視野の中心でとらえ続ける

リリースされたボールを中心視野でとらえ続ける。だが多くの打者は最後まで見ることはできないため、その先の軌道を予測して打っている。

☑ CHECK POINT

SCIENCE

科学

動体視力はトレーニングで機能改善が見込める

動体視力とは動く物から視線を外さずに見続ける視力のこと。これはトレーニングで鍛えられるという。実際にピッチングマシーンを通常より手前に置いて球を見続けるなどの練習をするチームもある。

タイプ② 先回りをしてボールを待つ

ボールの軌道を読み
先回りして待つ
周辺視野でボールと投手をとらえ、中心視野は手元に向けておく。
感覚としてはボールが来るのを先回りして待つようなものだ。

最初はボールを追いかけ途中からは先回りする

ボールを目の片隅で見ながら先回りする

ボールの見方の2つ目は、中心視野は本塁近くの手元に合わせておき、周辺視野でボールを見るという方法。

極端にいえば、瞬間的にボールから目を離して先回りして待ち受けるといった具合だ。

それでもスイングする直前までボールを見続けることは困難だと思われるが、前ページのボールを中心視野で追い続ける見方よりも、近くまでボールを見ることができる可能性がある。

この見方はすぐにできるものではなくトレーニングが必要になるだろう。イメージとしては、読書をするときに行間を移るような感覚だろうか。

93

☑ CHECK POINT

SCIENCE
▼
科学

視野の範囲は中心視野と周辺視野にわけられる

正面を見ているときの人間の水平方向の視野は左右に約100度ある。左右の視野が重なる範囲を中心視野、それ以外を周辺視野と呼ぶ。物体までの距離を正確に把握するには、中心視野でものをとらえる必要がある。

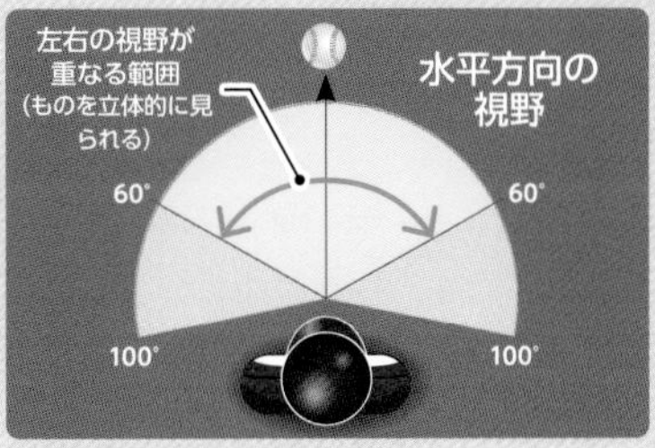
左右の視野が
重なる範囲
(ものを立体的に見
られる)
水平方向の
視野
60°
60°
100°
100°

周辺視野と中心視野で投手とボールを見る

▶▶▶ BATTER'S EYE
投手の上半身とボールを周辺視野でとらえる。人によっては中心視野でもよいだろう。

試行錯誤をして自分に合う方法を探る

上の写真は前ページの打者の視野イメージ。リリース時は周辺視野でボールと投手の上半身をとらえ、球種やコースを予測するだけの情報を得たら、先回りをして中心視野でボールを待ち受けるという。

だが、実際におこなうと周辺視野でボールを見るのは難しいことがわかる。顔を完全に投手側へ向けると最初から中心視野で見てしまうので、ポイントは顔をやや斜めに向け、頭の位置は動かさずに眼球だけをスライドさせることだ。ただしボールの見方も、これが唯一の正解ではないので、試行錯誤を続け自分に合うものを見つけたい。

先回りをして待つ

▸▸▸ BATTER'S EYE

目線を先回りさせてボールを待つ。ここでは中心視野でボールをとらえる。

☑ CHECK POINT

技術 TECHNIQUE

打席内での過度な緊張が視野を狭くする!?

人は緊張すると視野を狭くし一点に集中する性質があるという。だが打席では、ボールを見ながら先回りするなどの眼球運動が必要になるため、一点集中はその弊害になる可能性が考えられる。そこで緊張しやすい選手は、打席に入る前に眼球をぐるぐる動かして、運動の意識づけをしておくのもよいだろう。

▶ インパクト直前の選手の目線

PLAYERS DATA

【フィジカルに秀でた好打者】

視界にボールをとらえているように見える。低めの変化球が先回りしたポイントに入ってきたのだろうか。体幹を傾かせて低めに振り出している。

PLAYERS DATA

【堅実なバッティングをする好捕手】

この写真もこの時点では視界にボールをとらえているように見える。ボールの軌道にバットを入れて真後ろからインパクトできそうだ。

PLAYERS DATA

【巧みなバットコントロールで中軸を担う】

これはまさにインパクトの瞬間。ボールの軌道にバットを入れて正面衝突を起こしている理想のスイングだ。だが、おそらく視界にボールは入っていないだろう。

PLAYERS DATA

【勝負強さが光る好打者】

ボールが手元までくるタイミングでは、ボールが視界から外れているように見える。つまりボールを見ながら打つのは難しいということだろう。

TOPICS 3

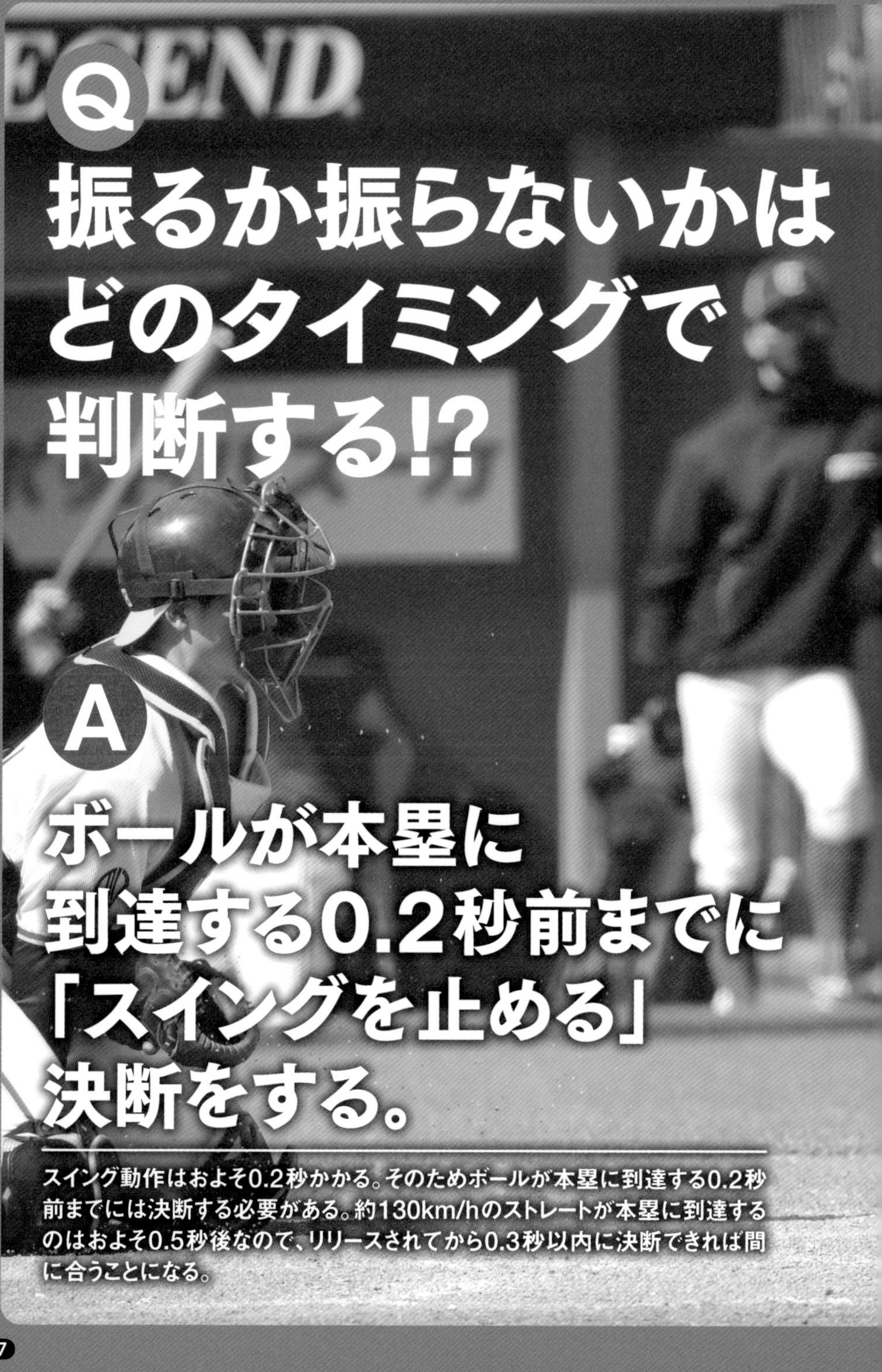

Q 振るか振らないかはどのタイミングで判断する!?

A ボールが本塁に到達する0.2秒前までに「スイングを止める」決断をする。

スイング動作はおよそ0.2秒かかる。そのためボールが本塁に到達する0.2秒前までには決断する必要がある。約130km/hのストレートが本塁に到達するのはおよそ0.5秒後なので、リリースされてから0.3秒以内に決断できれば間に合うことになる。

打者は0・5秒の間に2つの決断をおこなっている

約130㎞/hの直球に対する打者の反応

-0.2 SEC
スイングの決定
球速や高さなどからスイングをするか、しないかを決断する。
-0.1 SEC
コースの決定
どのコースにバットを出すかはスイングの0.1秒前までに決断。
0.0 SEC
インパクト
決定したコースへバットを正確に出すのも技術のひとつだ。
OHTA
24

打者は常にスイングする前提でかまえている

投手がボールを投げてから本塁に到達するまでの時間は、約130㎞/hの速球でおよそ0・5秒。打者はこのわずかな時間の中で2つの決断を下している。

1つは「スイングの決断」。より正確にいえば、打者は基本的に振るつもりでかまえているので、「スイングを止める決断」になる。スイングにはおよそ0・2秒かかるため、本塁にボールが到達する0・2秒前には決断する必要がある。

もう1つは「コースの決断」。つまりどこにバットを出すかということ。これはスイングの0・1秒前まで変更ができるという。

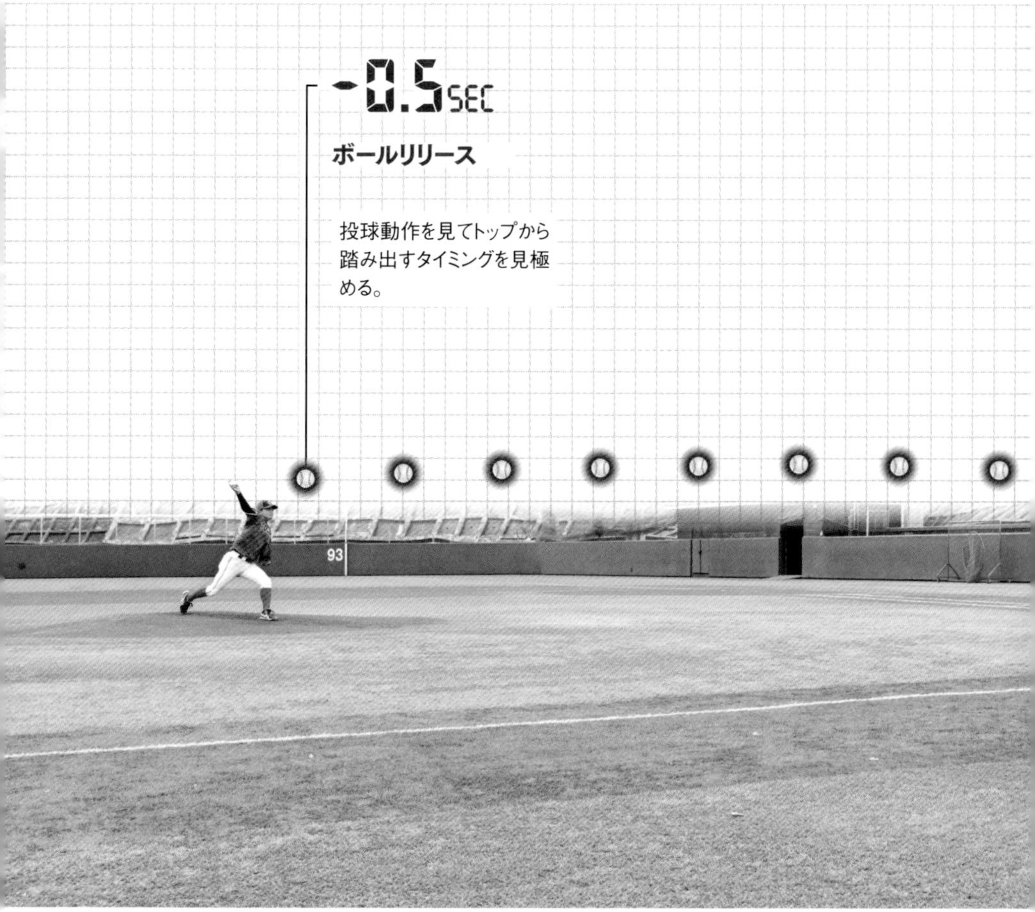
-0.5SEC
ボールリリース
投球動作を見てトップから踏み出すタイミングを見極める。
93

☑ CHECK POINT

科学
SCIENCE

下半身の筋肉は打ちに向かう

振るか、振らないかを打者は五分五分で待っているのではなく、基本的には振るつもりでいる（そうでなければ速球に間に合わない）。そのため下半身の筋肉は常に打ちに向かっているが、振らない選択をした瞬間に、上半身の筋肉が働きバットを止めている。

試合前にもう一度！

ココだけはチェック

ボールを見るという動作には慣れが必要であり、反復練習が欠かせない。だが同時にその日の調子も大きく左右する。打者としては好不調の波を減らし、いつでも自分の目の置き所でボールを見ることができるようにしておきたい。

CHECK POINT

目線をいつもどおりに動かせているか？

投手のどこを見るかは人それぞれだが、一般的には上半身を見てから、腕の振りと手元を中心に見る。いつもの自分の目線の動かし方というものを決め、毎回その動きができているか確認しておこう。

CHECK POINT

☑ ボールをただ追い続けていないか？

投手が投げたボールをできるだけ追い続けるのはひとつのボールの見方だ。しかし、ただ見るだけではダメ。ボールの位置やボールの大きさが変化する速度などの情報を入手することが大切。その情報を元に打者はスイングするコースを決定する。

CHECK POINT

☑ 目の置き所はいつもどおりか？

先回りしてボールを見るタイプの打者は、目の置き所がいつもどおりかを確認しておきたい。フォームが崩されたり、気持ちに焦りがあると、目の置き所も前になりやすい。逆に調子がよい日は、「ボールが止まって見える」と思えるほどピッタリハマることもある。

COLUMN

野球トレーニングを考える⑤

練習をランダムにおこない記憶に留める

シートノックはサードからはじめるチームが多いと思う。サードから時計回りに内野ゴロをおこない、レフトから外野フライ、最後にキャッチャーフライというのが一般的な流れだろう。間にゲッツーやバックホームなども入るが、ノックの順番はサードから時計回りと決まっていることが多く、自分の順番が来るまで選手らは声を出している。

常に緊張感を保ち、集中を切らさないために声を出すのかもしれないが、選手としてはそれでも集中を保ち続けることは難しい。

では、ノックの順番がランダムだったらどうだろうか。どこに打球が飛ぶのかわからないので、選手は集中を持続しやすいはずだ。複数の練習を決まった順番で進めることを「ブロック練習」と呼び、ランダムに進めることを「ランダム練習」と呼ぶ。そしてブロック練習よりもランダム練習の方が、その効果がより保持されやすいという。この理由は定かではないが、緊張感のある場面の方が記憶に残ることは、野球に限らず自身の私生活からも明らかだろう。

シートノックも時計回りにおこなえばブロック練習だが、ランダムにおこなえばランダム練習になる。緊張感のない練習はケガにつながることもあるので、マンネリ防止のためにも、ときには練習の順番を変えてみるのもよいかもしれない。

PART

5

バッティング弱点克服ドリル

練習ドリルを紹介する。自分の弱点となるバッティング動作が克服できるものがあれば取り組んでほしい。悪いクセが定着してしまう前に、正しいフォームへ修正しよう。

弱点 克服ドリル 1 下半身を使う感覚をつかむドリル

コレが苦手 下半身の並進運動をスイングにいかせていない

考えられる原因

- ☑ 軸足に体重を残せていない
- ☑ 股関節に体重が乗っていない
- ☑ 母指球で地面をとらえていない

バッティングの並進運動は、軸足に体重を残しながら踏み出し足を前に出す。手から動くと体重がすぐに移ってしまい下半身が使えない。軸足の股関節に荷重し、母指球で地面をしっかりととらえよう。

↓

ココがポイント テイクバックで地面反力を得られているか？

母指球で踏ん張っている

母指球で地面をとらえ、股関節に荷重して立てれば、トップが安定し、軸足に体重を残しながら踏み出せる。

母指球の踏ん張りがない

踏ん張りがないと地面反力を効果的に得られず、上体が後方へ傾くなど軸足が安定しない。

コレで克服

下半身を使う感覚をつかむドリル①

足踏みスイング

ドリルの狙い その場で足踏みをすれば、体重は自然と左右の足へ交互に移る。この自然におこなわれる体重の移動を利用してスイングする感覚をつかむ。

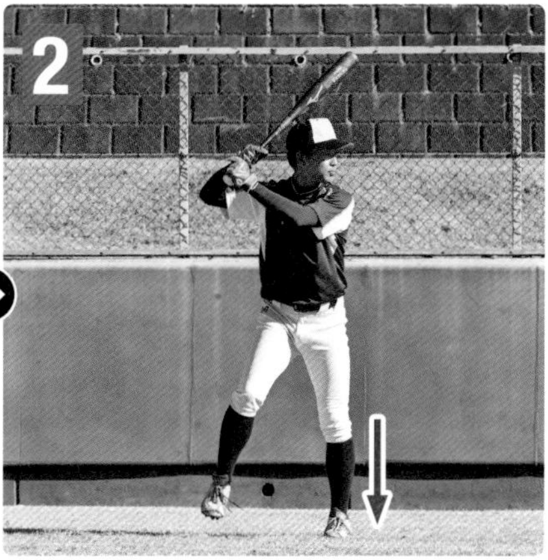

踏み出し足を上げる

普段どおりのかまえから踏み出し足を上げ、軸足に荷重してトップの姿勢をつくる。

軸足を上げる

グリップ位置をトップ付近に残したまま軸足を上げ、踏み出し足に荷重する。

トップをつくる

足踏みをするように、再び左右の足の上げ下げを入れ替えて、地面をしっかりととらえる。

スイングする

足踏みのリズムで再び踏み出し足に体重を移し、カベをつくってスイング。

コレで克服

下半身を使う感覚をつかむドリル②

大股スイング

ドリルの狙い

大股になり腰を低く落とすことで太ももに負荷がかかり、下半身を意識的に使える。とくに並進運動時に作用する軸足の内もも（内転筋群）に効かせられる。

やや大股にかまえる

両足を大きく開いてかまえる。腰を落とすほど下半身に負荷をかけることができる。

踏み出し足に荷重

踏み出し足の股関節に荷重する意識で体重を移す。腰の高さは低いままで保つ。

軸足に荷重

ここでも腰を低い位置に保ったまま軸足の股関節に荷重する意識で体重を移す。

低い姿勢のままスイング

軸足の内ももに効かせながら踏み出し足に体重を移してスイングする。

コレで克服

下半身を使う感覚をつかむドリル③

ウォーキングスイング

ドリルの狙い 歩行動作とバッティング動作は似ている。ともに骨盤を水平に保ちながら左右の足へ交互に体重を移す。その感覚をつかもう。

かまえの姿勢をつくる

普段通りにかまえの姿勢をつくる。仮想投手をイメージして、顔は前に向ける。

軸足を後ろからステップ

軸足を後ろからクロスステップさせる。グリップ位置が下がらないように注意しよう。

踏み出し足をステップ

軸足の内ももに効かせて、体重を残しながら踏み出し足をステップ。

カベをつくってスイング

踏み出し足でカベをつくり、そこから腰を回してスイング。終わったら1へ戻り再び歩く。

コレで克服

下半身を使う感覚をつかむドリル④

連続ティーバッティング

ドリルの狙い　やや大股になり下半身へ負荷をかける姿勢で連続ティーをおこなう。自然と下半身を使ったスイングが身につく。足を上げずにすばやくくり返そう。

腕だけで当てにいかず、下半身を使う意識を持つ。何よりも母指球でしっかり地面をとらえて反力を得ることが大切だ。

やり方

腰を低く保って連続スイング

両足をやや大股に開き、腰を低く落とす。その姿勢を保ったまま、足を上げずに連続でスイングする。

弱点
克服ドリル
2

カベをつくる感覚をつかむドリル

コレが
苦手

踏み出し足のカベがつくれない

考えられる原因

- 踏み出し足のつま先やヒザが前を向く
- 踏み出し足のヒザが曲がる
- 手が先に動いている

前足でカベをつくるには、つま先やヒザを本塁へ向け、内ももの筋肉を働かせたい。当てにいこうとすると前がかりになりがちだが、グッと我慢してカベをつくれるようになろう。

ココが
ポイント

ステップ時のつま先やヒザの向きに注目!

本塁側を向く

つま先やヒザを本塁へ向け、踏み出し足全体をカベのように固定することで、上体が鋭く回り、ヘッドが加速する。

投手側を向く

当てにいこうとすると、つま先やヒザが投手側を向きやすい。これでは上体も前に突っ込んでしまう。

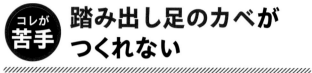

コレで克服

カベをつくる感覚をつかむドリル①

メディシンボール投げ

ドリルの狙い　メディシンボールは重いので、踏み出し足でカベをつくらなければ、投げたときに上体が前に流れてしまう。逆にカベができれば、体幹が鋭く回り遠くに投げられる。

1

メディシンボールを持って両足を開く

2〜3kgのメディシンボールを用意して、両足を開いてつま先は横に向ける。

2

前後にボールを振って勢いをつける

一度前に振ってから大きく後ろに振りかぶり、バッティングのトップのような姿勢をつくる。

3

ヒジを伸ばして円軌道を描く

腕の力で投げるのではないのでヒジを伸ばし、大きな円軌道を描くように動かす。

4

遠くまで投げる

しゃがんだ姿勢から伸び上がる過程でボールを投げるとカベができる。

コレで克服

カベをつくる感覚をつかむドリル②

ゴムボールはさみ素振り

ドリルの狙い バッティングでは内ももの筋肉がとても重要。並進運動では軸足側の、回転運動では踏み出し足側の内ももの筋肉が働く。股にボールをはさむことでその感覚を養う。

股下にゴムボールをはさむ

バレーボールほどのゴムボールを股の下にはさんでかまえる。

ボールを落とさず振り出す

ゴムボールを落とさないように軸足側の内ももに力を入れながらスイングする。

前足のカベを意識

踏み出し足に体重が移ったら、踏み出し足側の内ももに力を入れてカベをつくる。

フォロースルーまでおこなう

ボールが落ちないということは内ももの筋肉が使えており、カベができているという証。

コレで克服

カべをつくる感覚をつかむドリル③

前足逆向き素振り

ドリルの狙い 前足のカベがどうしてもできないという人は、踏み出し足のヒザを極端に内側へ入れて意識づけをしてみてもよいだろう。感覚がつかめたらヒザを戻せばよい。

ヒザを内側へ入れる

普段どおりのかまえから、踏み出し足のヒザだけを内側に入れる。

トップをつくる

踏み出し足のヒザの角度を保ったままテイクバックをしてトップをつくる。

ヒザを開かずにスイング

内側に入れたヒザを開かないようにしながらスイングをする。

最後まで振り切る

上半身は前、下半身は後ろへ回して体幹がツイストするような意識で振り切る。

弱点克服ドリル 3

ヘッドを下げない感覚をつかむドリル

コレが苦手 引き腕のワキが空いてヘッドが下がってしまう

考えられる原因

- ☑ バットが重い
- ☑ 軸足の踏ん張りがない
- ☑ アッパースイングを過剰に意識

振り出すタイミングで右打者の左ワキが空く原因は、バットが重かったり、山なりのボールに対して軸足で踏ん張れずに手が出る、またはアッパースイングを意識しすぎるなどが考えられる。

↓

ココがポイント 振り出すときの後ろの肩に注目！

後ろの肩が下がらない

後ろの肩が下がらなければヘッドも下がらず、結果として左ワキも極端に空かないので力強いスイングができる。

後ろの肩が下がる

後ろの肩が下がるとヘッドも下がってしまい、結果として左ワキを空けながらのスイングになる。

コレで克服

ヘッドを下げない感覚をつかむドリル①

ワキタオルはさみ素振り

ドリルの狙い 左ワキにタオルなどをはさみ、落とさずに素振りをする。左ワキが空かなければ右肩も下がらないので、振り出しでヘッドも下がらない。

やり方 目的は振り出しでヘッドを下げないこと

左ワキが空くのは最終的な結果として現れるフォーム。習得したいのは振り出しでヘッドを下げないスイング。ここを意識して左ワキにはさんだタオルを落とさないように素振りしよう。

コレで克服

ヘッドを下げない感覚をつかむドリル②

高めのティースタンド

ドリルの狙い　ティースタンドを高めに設定してティーバッティングをおこなう。最初から高めにしておけば右肩が下がらず自然に振り抜ける。この感覚を身につけよう。

ティースタンドを高めに設置

ティースタンドをストライクゾーンの高めいっぱいに設置する。

トップをつくる

普段どおりのトップをつくる。肩のラインが水平になっているとよい。

自然にスイング

高めなので後ろの肩が下がらずに、水平を保ったまま振り出すことができる。

最後まで振り切る

ボールの真後ろからバットをぶつけるイメージで最後まで振り抜く。

コレで克服

ヘッドを下げない感覚をつかむドリル③

背面ティー

ドリルの狙い 後方からトスしてもらい、それを打つ。ボールが後ろからくるので左ワキを空けずにスイングしやすい。カラダの開きを抑える練習にもなる。

やり方

捕手側からトスしたボールを打つ

投げ手は捕手側からストライクゾーンにトスをする。打者は後方からくるボールをよく見てスイングする。

弱点
克服ドリル
4

インサイドアウト軌道を身につけるドリル

コレが苦手

振り出しでヒジが伸び アウトサイドイン軌道になる

考えられる原因

- 手で当てにいきがち
- グリップを常に強く握る
- カラダの開きが早い

グリップを強く握っていたり、下半身を使えずに腕で打っているとカラダの開きが早くなりアウトサイドイン軌道で振り出しやすい。

↓

ココがポイント

グリップエンドの向きに注目！

ボールを向く

振り出し時にグリップエンドがボールに向かうと、ヘッドは後方へ残るため加速させながら出せる。

三塁側を向く

グリップエンドが三塁側を向くと、すぐにヘッドも出てくるため加速する距離を稼げない。またバットコントロールも難しくなる。

コレで克服

インサイドアウト軌道を身につけるドリル①

ネット前スイング

ドリルの狙い ネットの前で素振りをする。バットのヘッドをネットに当てずに振り出すにはインサイドアウト軌道でないとならない。この感覚を身につけよう。

やり方 ネットの前で素振りをする

ネットまでの距離は、アウトサイドイン軌道になると当たる距離に各自で調整する。ネットに触れずにスイングできるようにくり返しおこなう。

コレで克服

インサイドアウト軌道を身につけるドリル②

インサイドティーバッティング

ドリルの狙い　ネット前素振りで感覚がつかめたら、ティー台をインコースに設置してティーバッティングをする。つかんだ感覚をカラダに覚え込ませよう。

やり方　インコースに設置して打つ

ボールの内側を叩くインサイド軌道になるように、インコースにティー台を設置してティーバッティングをおこなう。

コレで克服

インサイドアウト軌道を身につけるドリル③

バスタースイング

ドリルの狙い バント姿勢からすばやくバットを戻すと自然と最短距離を通る。つまりインサイドアウト軌道。そしてそこから振ると、軌道をなぞるように再びバットが出やすくなる。

やり方 バントのかまえからスイング

最初はバントのかまえからスタート。ボールがトスされたら、すばやくバットを引いてスイングする。

COLUMN

野球トレーニングを考える⑥

練習の目的を正しく理解する

練習中に指導者から「練習のための練習はするな！」といわれたことがある選手は多いと思う。毎日同じ練習をくり返していると、その練習に慣れてしまうし、その練習のコツのようなものを掴んでしまうことさえある。

練習でおこなうマシン打撃はうまいのに、試合ではまったく打てないという選手はその典型かもしれない。知らず知らずのうちにマシン独特の音や、マシンのアームが起動するタイミングなど、試合ではいかすことのできないものからスイングのタイミングを計っている可能性があるからだ。本人としては「ボールをしっかりミートしたい」とか、「遠くへ飛ばしたい」と思っているだけかもしれないが、毎日練習をくり返すうちに無意識のうちにおこなっているのだ。本来マシン打撃は、自分のイメージどおりの軌道でバットを出せているか、毎回同じミートポイントでとらえているかなど、自分がイメージしたスイングをするための確認の場であり、そのため毎回マシンによって同じボールが投げられるのだ。それを、ただヒット性の当たりにすることだけに執着し、マシンのタイミングを計っていては練習のための練習にしかならない。

その練習は何のためにおこなっているのか、試合のどのような状況を想定したものなのかなど、常にその先にある試合をイメージしながら日々の練習をおこなってほしい。

PART

6

打者に最適な筋力トレーニング

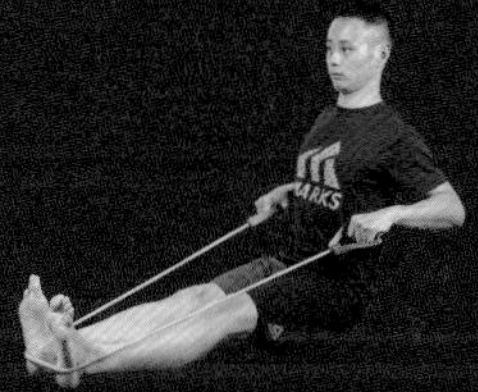

打者に最適な筋力トレーニングを解説する。打球を遠くに飛ばすにはベースとなる筋力を鍛えたうえで、関節を正しく使い全身を連動させることが求められる。

PART6監修者プロフィール

中里賢一（なかざとけんいち）

MIZUNOスイムチームの専属トレーナーを長年つとめ、多くのプロ野球選手の自主トレーニングにも帯同経験を持つ関節のスペシャリスト。現在はアスリートのサポートをする傍ら、一般の方でも気軽に身体の相談ができるサロン「パーソナルジム＆スポーツマッサージMARKS」を東京目白にて運営している。

バッティングにおける主な関節動作

関節動作を連鎖させ SSCによって爆発力を生み出す

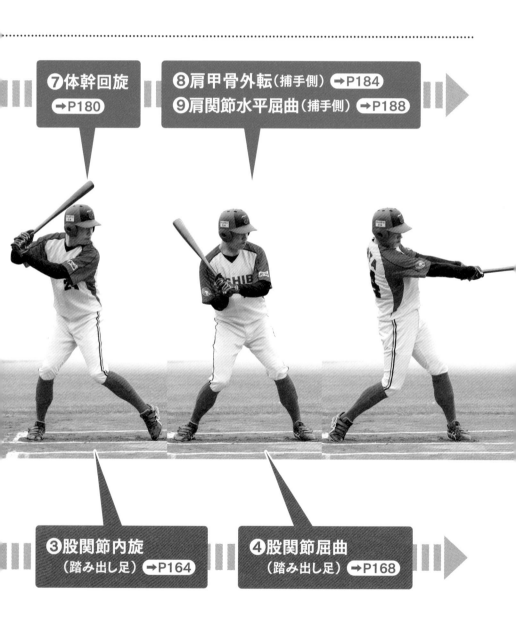

❼体幹回旋 →P180

❽肩甲骨外転（捕手側） →P184
❾肩関節水平屈曲（捕手側） →P188

❸股関節内旋（踏み出し足） →P164

❹股関節屈曲（踏み出し足） →P168

SSC（ストレッチ・ショートニング・サイクル）とは？

SSCとはStretch shortening cycleの略。日本語では「伸張-短縮サイクル運動」とも呼ばれる。大きなパワーを爆発的に発揮させるには欠かせない。平たくいえば反動動作であり、跳躍直前にしゃがむように、主動作と反対方向へすばやく動くことで主動作のパフォーマンスが上がる。スイング動作も各部位で反動動作が入っており、それがうまく連鎖することでヘッドの走った力強いスイングができるようになる。

貢献度の高い主な関節動作

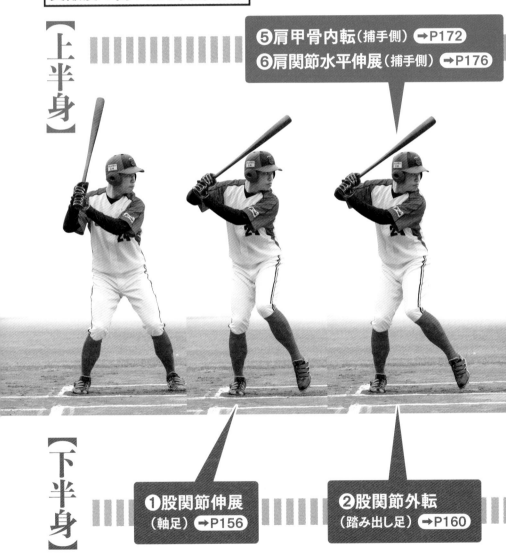

【上半身】

⑤肩甲骨内転（捕手側） →P172
⑥肩関節水平伸展（捕手側） →P176

【下半身】

❶股関節伸展（軸足） →P156

❷股関節外転（踏み出し足） →P160

バッティングにおける主な関節動作①

股関節の伸展

曲げた軸足の股関節を伸ばしていくような動作。バッティング動作はここからはじまる。軸足1本で立ち、大臀筋やハムストリングで股関節を伸展させながら地面を押して反力を獲得する。この地面反力が並進運動の動力になる。

【ターゲットとなる主な筋肉】

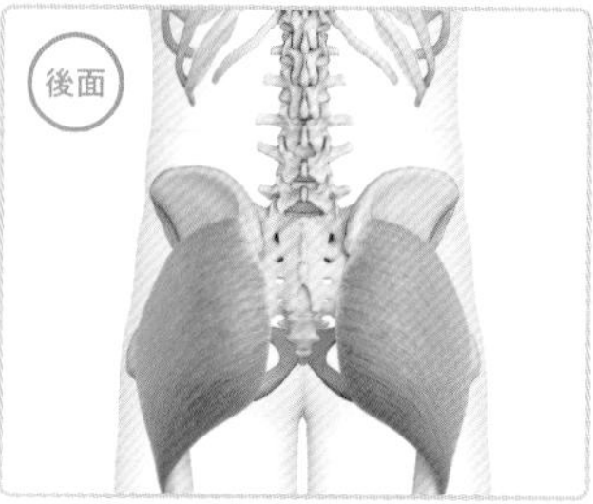

大臀筋(だいでんきん)

尻の後ろにある筋肉。骨盤を後ろから支える。野球動作全般に関与する。

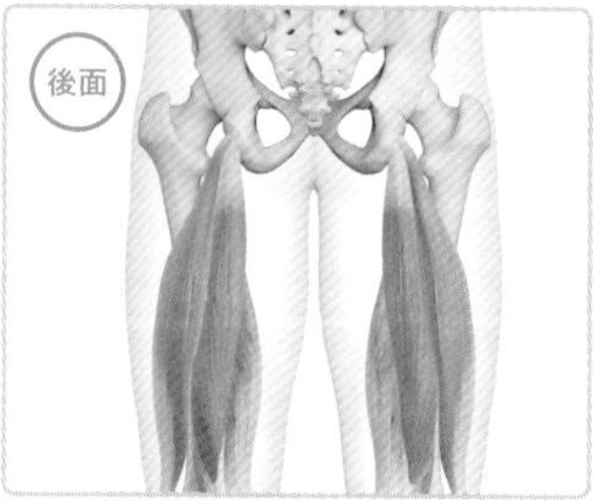

ハムストリング

太もも裏にある筋肉群。膝関節伸展など、主に地面を蹴り上げる動作で働く。

強度 ★☆☆

ヒップリフト

回数 ■5秒キープ ■10回 ■2〜3セット

ポイント 腰は上げすぎず、肩からヒザまでを一直線にキープ。

1 ヒザ立ちで仰向けになる

両ヒザを立てた状態で仰向けになり、両手は斜めに広げて地面を押させる。

2 お尻を上げ一直線をキープ

ゆっくり息を吐きながらお尻を上げて、肩からヒザまでを一直線にして5秒キープ。

強度
★★☆

フロントランジ

回数 ■左右交互に20回　■2〜3セット

ポイント 踏み出したら地面を蹴って
すばやく戻る。

1 ダンベルを両手に持つ

各自の筋力に合ったダンベルを2つ用意してそれぞれに手で持ち直立する。

2 足を前に踏み出して戻る

ヒザがつま先よりも前に出ないように意識して前に踏み出し、すばやく戻す。

強度 ★★★

ブルガリアンスクワット

回数 ▪左右交互に20回　▪2〜3セット

ポイント ヒザを左右にぶらさない。

1 片方の足をイスにかける

両手に適正な重量のダンベルを持ち、片方の足を後方にあるイスにかける。

2 お尻を下げる

ヒザをつま先と同じく正面に向けたままお尻を下げる。顔は前に向け背すじを伸ばす。

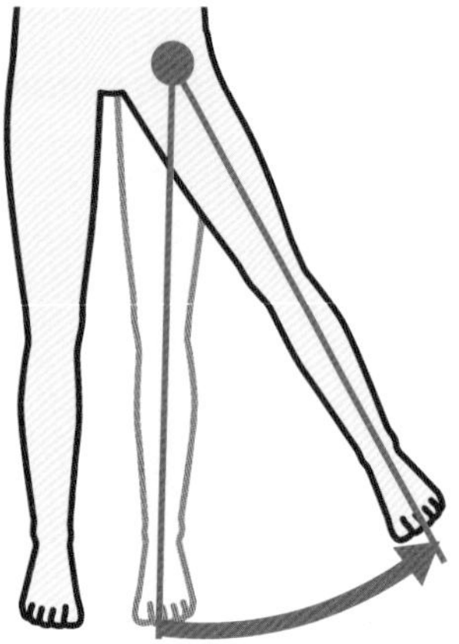

バッティングにおける主な関節動作②

股関節の外転

股関節を外側に開いていくような動作。フォームを安定させるには、片足立ちでも骨盤を傾かせず水平に保つことが重要であり、そのために働くのが中臀筋や大腿筋膜張筋といった下半身の外側にある筋肉だ。

【ターゲットとなる主な筋肉】

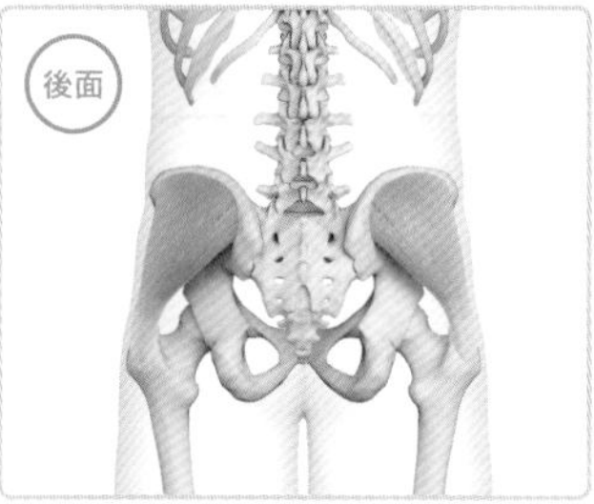

中臀筋（ちゅうでんきん）

尻の横にある筋肉。主に片足立ちで骨盤を水平に保つときに働く。

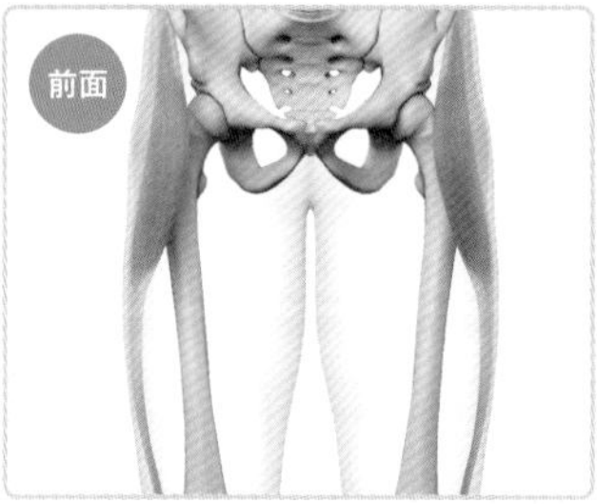

大腿筋膜張筋（だいたいきんまくちょうきん）

太ももの外側にあり、骨盤からヒザまでをつなぐ。骨盤水平維持に貢献する。

強度 ★☆☆

バランスディスクステップ

回数 ▪左右20回ずつ ▪2～3セット

ポイント 軸足を安定させて骨盤を水平に保つ。

1 バランスディスク上に立つ

バランスディスクの上でトップの姿勢をつくり、3秒ほどキープする。

2 軸足荷重で静かに踏み出す

手をトップに残し、軸足に荷重しながら静かに踏み出す。

強度
★★☆

チューブヒップアダクション

回数 ▪左右50回ずつ　▪2〜3セット

ポイント できる限り骨盤の水平をキープする。

1 足首にチューブをかける

自分の筋力に見合った硬さのチューブを足首にかけ、両手を腰に当て直立する。

2 軸を保ちながら片足を開閉する

骨盤の水平を保ちながら片方の足の開閉を連続しておこなう。カラダの軸を崩さないこと。

強度 ★★★

バランスディスク振り子

回数 ▪左右10回ずつ ▪2〜3セット

ポイント 股関節に体重を乗せる感覚をつかむ。

1 バランスディスク上で片足立ち

両手を腰に当て、もう片方のヒザを腰の高さまで上げる。

2 上体を前に倒していく

股関節に体重を乗せるイメージで軸足を安定させ、上体を前に倒していく。

3 さらに前に倒す

背すじと後ろ足を伸ばしたまま、上体をできる限り倒す。1に戻り連続しておこなう。

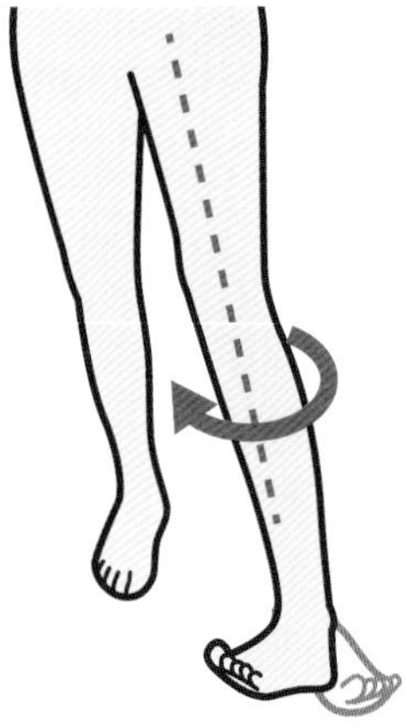

バッティングにおける主な関節動作③

股関節の内旋

股関節を内側に回していくような動作。踏み出し足でカベをつくるときなどにおこなわれる。体幹を鋭く回すためには欠かせない関節動作。主働筋である内転筋は目立たないが、スイング中に重要な働きをしている。

【ターゲットとなる主な筋肉】

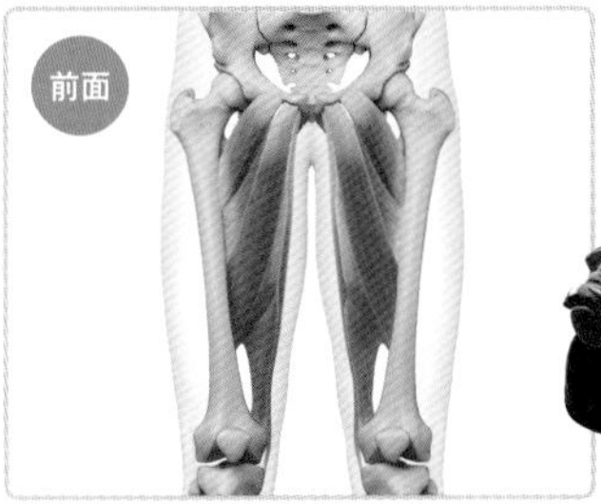

内転筋群（ないてんきんぐん）

内ももにある筋肉の総称であり、骨盤と大腿骨（太ももの骨）をつなぐ。

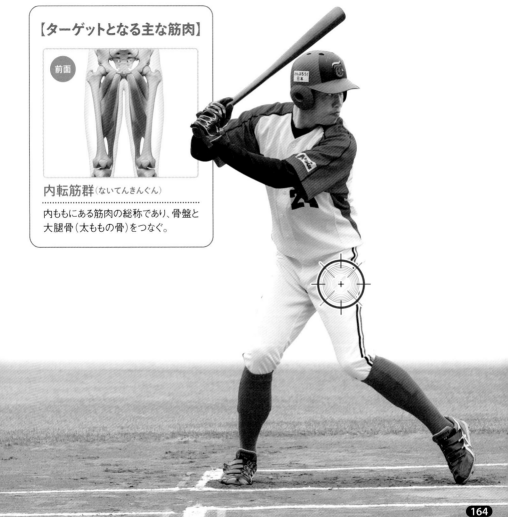

強度 ★☆☆

ワイドスクワット

回数 ▪20回 ▪2〜3セット

ポイント 背すじを伸ばしたままお尻を下げる。

1 つま先を外に向けて足を広げる

自身の筋力に見合う重量のダンベルを持ち、つま先を外に向け足幅は肩幅の2倍程度開く。

2 できるだけお尻を下げる

背すじを伸ばしたままお尻を床に近づけていく。ヒザをつま先より前に出さない。

強度
★★☆

内転サイドブリッジ

回数
- 5秒キープ
- 左右10回ずつ
- 2～3セット

ポイント 頭からつま先までの一直線をキープ。

1 横向きに寝て ヒジを立てる

横向きに寝て両足を重ね、下になったヒジを立てる。

2 お尻を上げ 下のヒザを曲げる

お尻を持ち上げながら下側のヒザを直角に曲げた姿勢で5秒キープする。

強度 ★★★

バランスディスクステップツイスト

回数 ▪左右20回ずつ　▪2〜3セット

ポイント カラダの軸の垂直をキープする。

1 バランスディスク上で片足立ち

両手を胸の前でクロスさせ、片方のヒザは直角に曲げる。

2 横にステップする

骨盤の水平をキープしたまま、横方向へステップする。

3 踏み出した股関節を内旋させる

顔を前に向けカラダの軸を保ったまま、踏み出した足の股関節を内側へひねる。

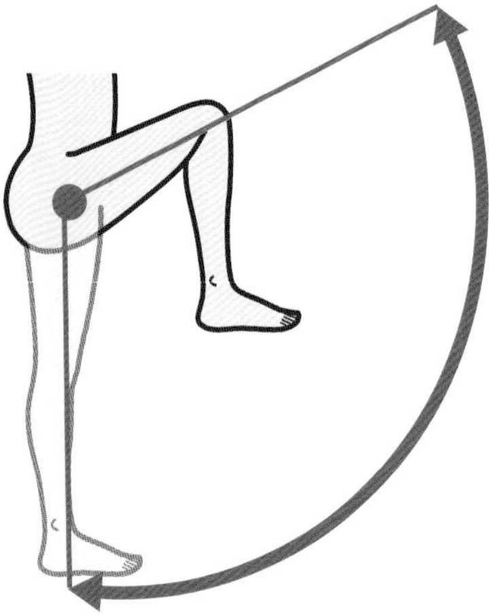

バッティングにおける主な関節動作④

股関節の屈曲

股関節が曲がるような動作。踏み出し足着地時に瞬間的に屈曲し、反動ですばやく伸展する(p156)。このSSCによって回転運動のスイッチが入るようなイメージだ。屈曲時は太もも前面の筋肉が、伸展では後面を使う。つまり下半身全体を鍛えておく必要がある。

【ターゲットとなる主な筋肉】

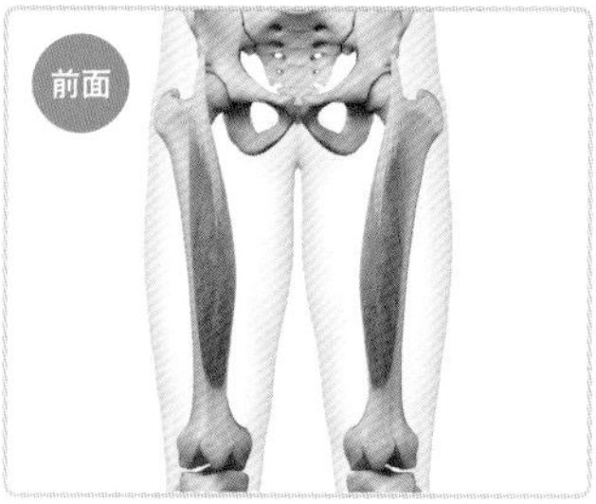

大腿直筋(だいたいちょっきん)

大腿四頭筋の中で唯一股関節をまたぐため、股関節屈曲に働く。

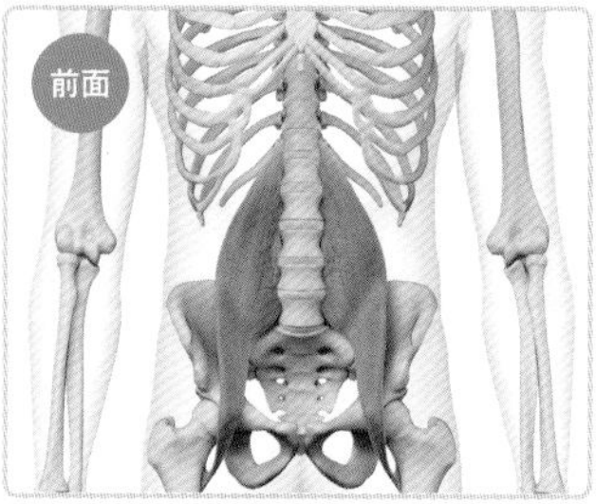

大腰筋(だいようきん)

腰椎と大腿骨をつないでおり、ヒザを上げる動作に大きく作用する。

強度 ★☆☆

四股踏み

回数 ▪20往復 ▪2〜3セット

ポイント 母指球で地面を踏み込む意識でおこなう。

1 相撲の四股踏みをおこなう

腰に手を当てて片足ずつ大きく上げる。母指球で地面を踏み上体を支える。

2 腰をできるだけ落とす

足を着いたら腰を落とす。つま先は前ではなく外側に開く。左右交互におこなう。

強度
★★☆

サイドジャンプ

回数 ■20往復　■2〜3セット

ポイント 着地時の上体を外側へ傾かせない。

1 左右にすばやくジャンプする

左右交互にジャンプする。着地後は反動を意識してすばやく反対方向へジャンプ。着地時に上体を外側へ傾かせないように。

強度 ★★★

連続ジャンピングランジ

回数 ▪10往復　▪2〜3セット

ポイント 着地時に股関節を落としすぎない。

1 足を前後に開く

つま先とヒザをまっすぐ前に向け、ヒザを直角に曲げる。

2 真上にかるくジャンプ

大きく飛び上がる必要はなく、かるくジャンプする程度でOK

3 反対の足を前に出して着地

空中で足を入れ替えて着地する。着地時は股関節を落としすぎず、反動を使って再び跳躍。

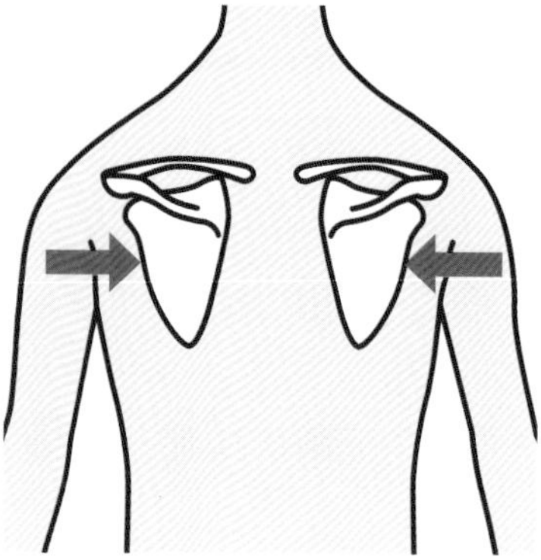

バッティングにおける主な関節動作⑤

肩甲骨の内転

肩甲骨を背中の中央へ寄せていくような動作。深いトップをつくろうとしたら、この動作が必要になる。とくに両肩甲骨の間にある菱形筋を使えるようになると、スイングアークが大きくなりヘッドが走りやすいだろう。

【ターゲットとなる主な筋肉】

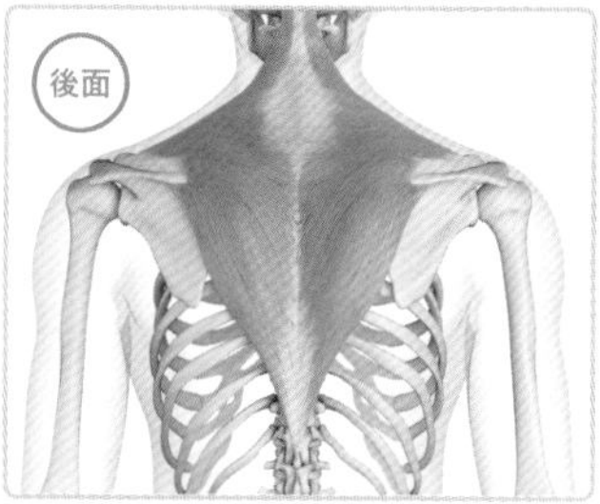

僧帽筋［中部］（そうぼうきん）

首から背中にかけてあり、場所により役割が異なる。中部は肩甲骨を寄せる際に働く。

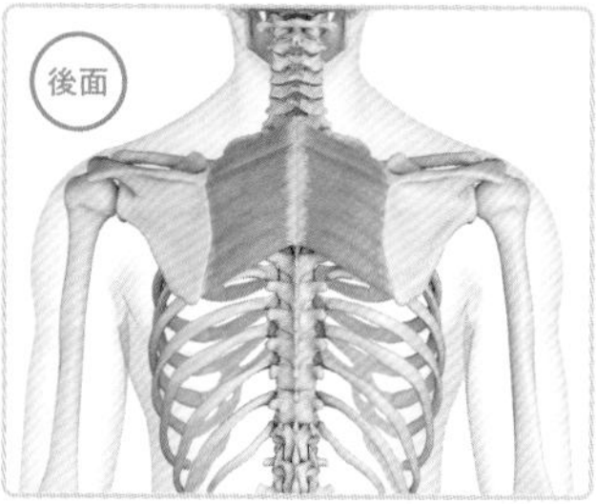

菱形筋（りょうけいきん）

僧帽筋の深部にあり、肩甲骨を寄せる動作で大きく働く。

強度 ★☆☆

プッシュアップ（バー使用）

回数 ▪15回 ▪2〜3セット

ポイント 胸は深く下げずに肩甲骨だけを動かす。

1 ヒジを伸ばし肩甲骨を開く

プッシュアップバーをつかみ、ヒジを伸ばして肩甲骨を外側へ開く。

※プッシュアップバーを使用することで肩甲骨を動かしやすくなる。

2 ヒジを曲げて肩甲骨を寄せる

胸は下げる必要はなく、ヒジを曲げて肩甲骨を内側へ寄せる。

強度 ★★☆

チューブローイング

回数 ▪30回 ▪2〜3セット

ポイント 腕ではなく、肩甲骨を寄せてチューブを引く。

1 足を伸ばしチューブをかける

床に座り伸ばした足にチューブをかけ、背すじを伸ばす。

2 肩甲骨を寄せてチューブを引く

肩甲骨を寄せてヒジを曲げることでチューブを引く。背すじは伸ばしたまま。

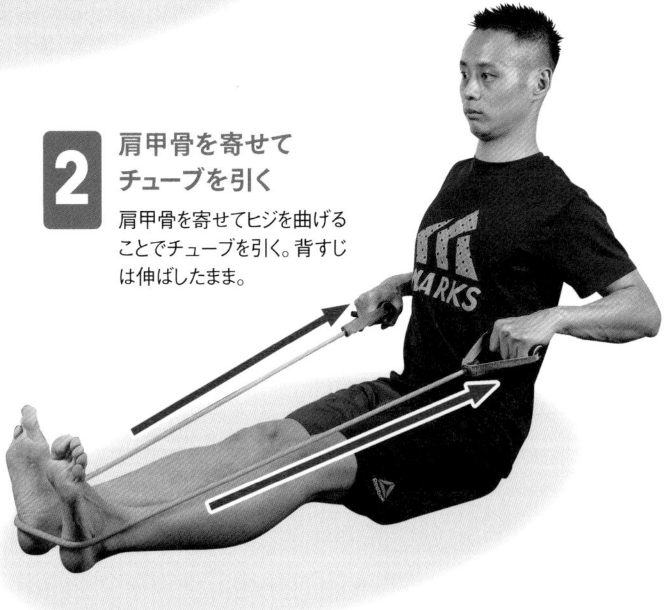

強度 ★★★

ダンベルローイング

回数 ■10回 ■2〜3セット

ポイント 肩甲骨を寄せてダンベルを引き上げる。

1 肩の下でダンベルをつかむ

肩幅より広めに足を開き、背すじを伸ばし中腰姿勢になる。ダンベルは肩の下でつかむ。

2 肩甲骨を寄せてダンベルを上げる

姿勢を変えずに肩甲骨だけを寄せてヒジを曲げダンベルを持ち上げる。

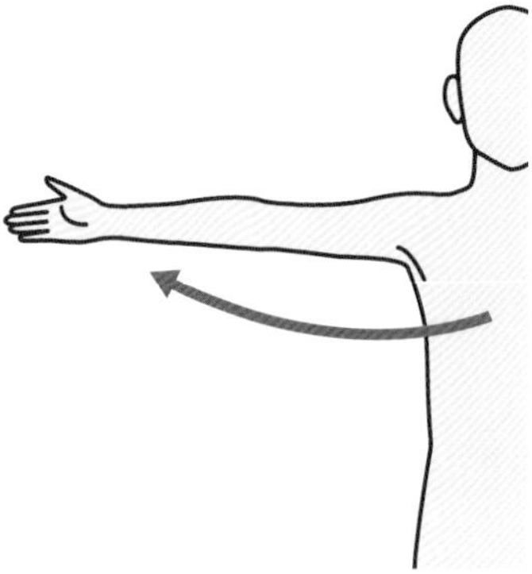

バッティングにおける主な関節動作⑥

肩関節の水平伸展

肩関節を外側へ水平に開くような動作。バッティングではトップをつくるときに肩甲骨の内転と併せておこなわれる。ここで作用する背中にある広背筋や三角筋（後面）が収縮することが、スイングの反動動作になる。

【ターゲットとなる主な筋肉】

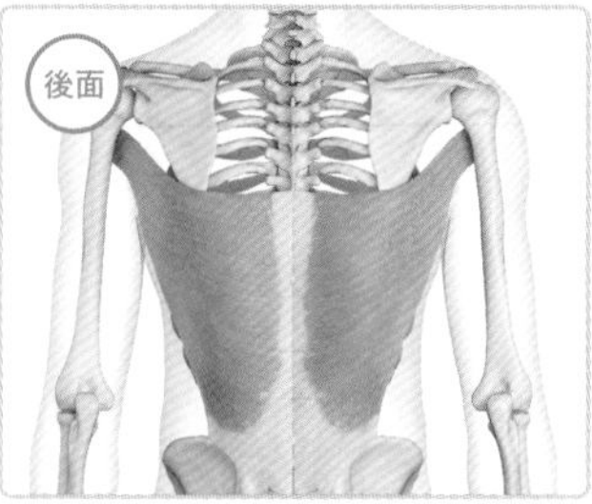

広背筋（こうはいきん）

背中と上腕を結ぶ。肩関節の伸展や内転、内旋など多くの動作で働く。

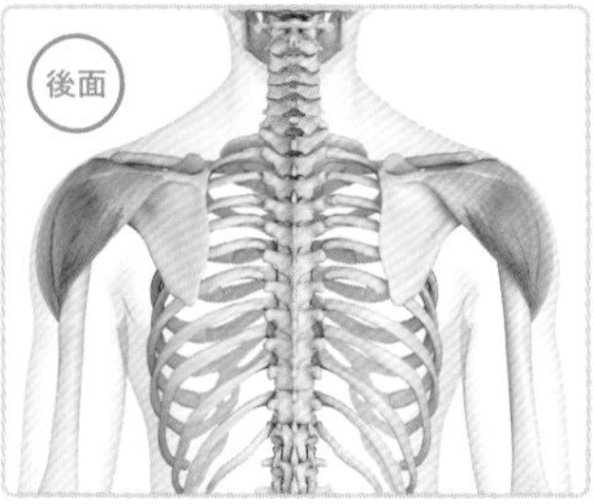

三角筋（さんかくきん）

肩を覆うようにつく。主に肩関節水平屈曲では前面が、水平伸展では中面と後面が働く。

強度 ★☆☆

リズムバックエクステンション

回数 ▪10往復　▪2〜3セット

ポイント 腕だけを上げるのではなく、背中から上げる。

1 うつ伏せになり腕を伸ばす

床にうつ伏せになり、両腕を頭の上に伸ばす。

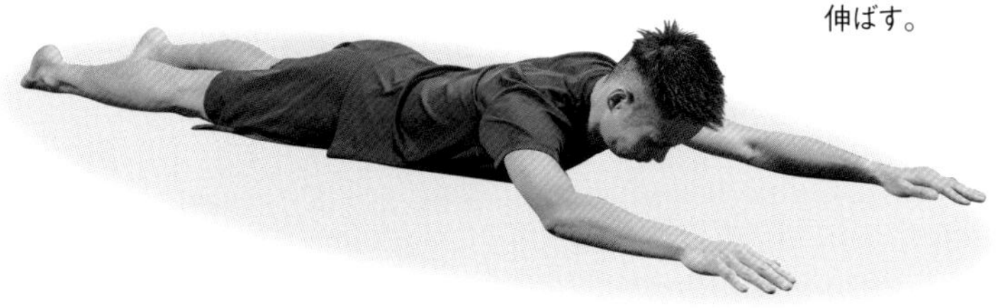

2 対角線上の腕と足を上げる

右腕と右足というように対角線上に背中とお尻の筋肉を使って上げる。

3 逆の腕と足を上げる

逆側も同じように上げる。下げている方の腕と足もわずかに床から離すとさらに負荷が上がる。

強度 ★★☆

チューブリアレイズ

回数 ▪30回 ▪2〜3セット

ポイント 肩甲骨は寄せず肩を支点に腕を広げる。

1 背すじを伸ばして チューブをつかむ

両足でチューブを踏んだ状態で肩の下に腕を垂らしてチューブをつかむ。

2 両腕を左右に広げる

背すじを伸ばした姿勢のまま、肩甲骨は寄せずに肩を支点に腕を広げる。

強度 ★★★

ダンベルリアレイズ

回数 ▪10回 ▪2〜3セット

ポイント 上体を起こさず前傾をキープする。

1 背すじを伸ばしてダンベルをつかむ

両足は肩幅程度に広げて背すじを伸ばして、肩の下でダンベルをつかむ。

2 両腕を左右に広げる

頭が上がらないように姿勢をキープしたまま、肩を支点に両腕を広げる。

バッティングにおける主な関節動作⑦

体幹の回旋

背骨を軸に回るような動作。背中にある脊柱起立筋やお腹の体側にある腹斜筋が作用するが、バッティングでは同時に胸郭（胸の周りにある骨）を柔軟に使いたい。強さとしなやかさを併せ持った体幹を目指してトレーニングする。

【ターゲットとなる主な筋肉】

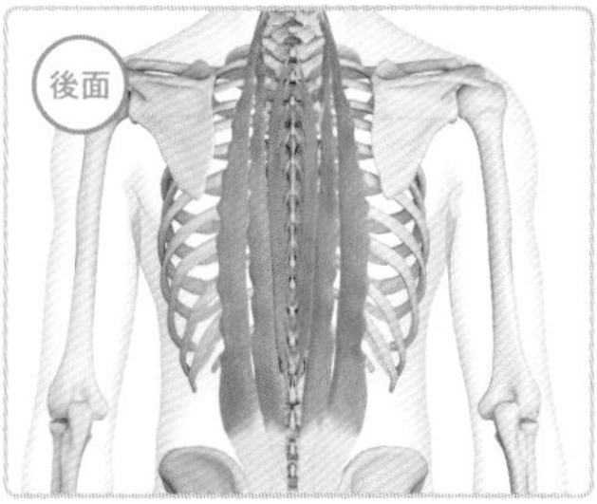

脊柱起立筋（せきちゅうきりつきん）

背骨の周りにある多くの筋肉の総称。ほとんどの体幹動作に関与している。

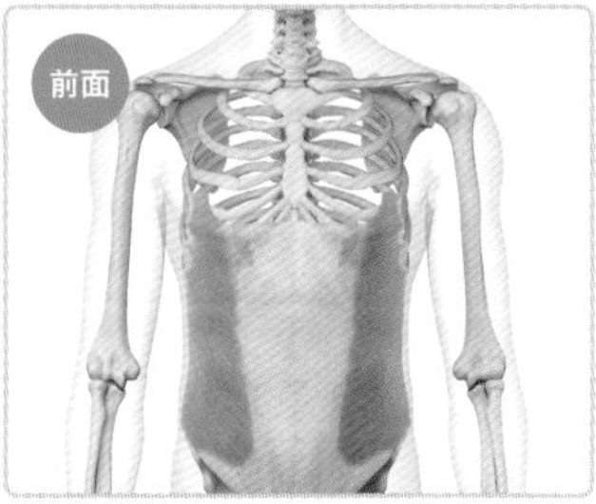

腹斜筋（ふくしゃきん）

わき腹にある。内外2層になっているが、ともに回旋や側屈動作で働く。

強度 ★☆☆

胸郭回旋

回数 ▪左右20回ずつ

ポイント 呼吸に合わせて上体を大きく回す。

1 四つん這い姿勢になる

四つん這い姿勢になり、片方の手を頭に乗せる。鼻から息を吸いながらおこなう。

2 息を吐きながら回旋させる

ゆっくりと口から息を吐きながら体幹を回旋させる。骨盤は水平をキープする。

強度
★★☆

レッグツイスト

回数 ■20往復 ■2〜3セット

ポイント 肩が浮かないように両腕で床を押さえる。

1 上げた足を左右に倒す

両足は揃えて上げ、両腕は横に伸ばして床を押さえる。肩が浮かないように注意しながら揃えた足を左右に倒す。

強度 ★★★

ゴムボールツイスト

回数 ▪20往復　▪2〜3セット

ポイント 手ではなく胸の力で ゴムボールをつぶす。

1 ゴムボールを胸の前ではさむ

肩幅より広めに足を開き中腰になる。胸の前でゴムボールをはさむ。

2 左右に回旋する

カラダの軸を意識し頭の位置は動かさずに体幹を回旋させる。ボールをつぶす圧力が弱まらないように注意しよう。

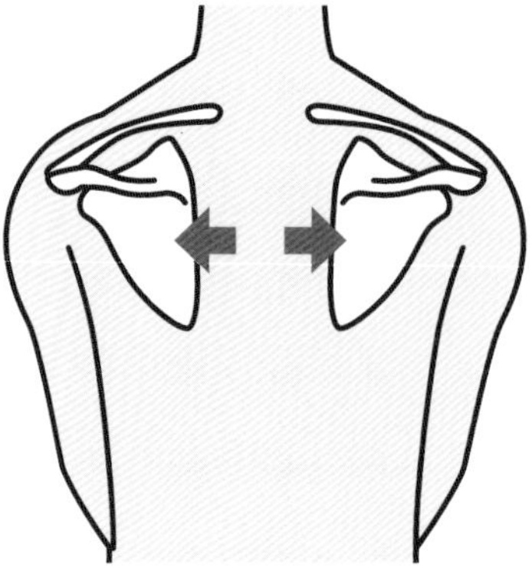

バッティングにおける主な関節動作⑧

肩甲骨の外転

肩甲骨を外側へ開くような動作。振り出し時の捕手側の肩甲骨がそれに当たる。肩甲骨と肋骨をつなぐ前鋸筋や小胸筋が作用する。薄い筋肉なので鍛えるというより、スムーズに動くようにしておきたい。

【ターゲットとなる主な筋肉】

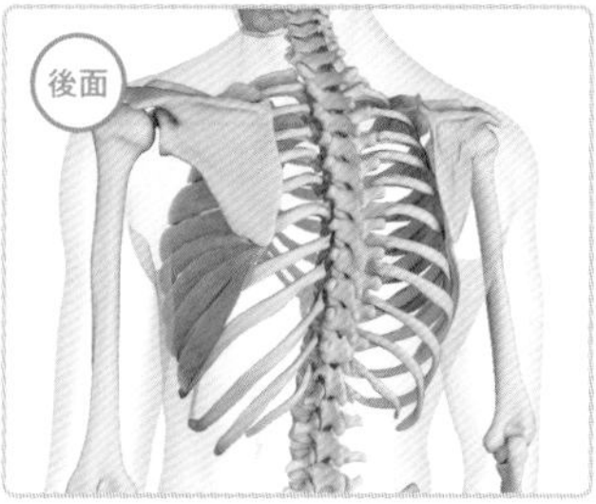

前鋸筋(ぜんきょきん)

肩甲骨と肋骨をつなぐ。「ボクサー筋」とも呼ばれ、肩甲骨を前に引き出す。

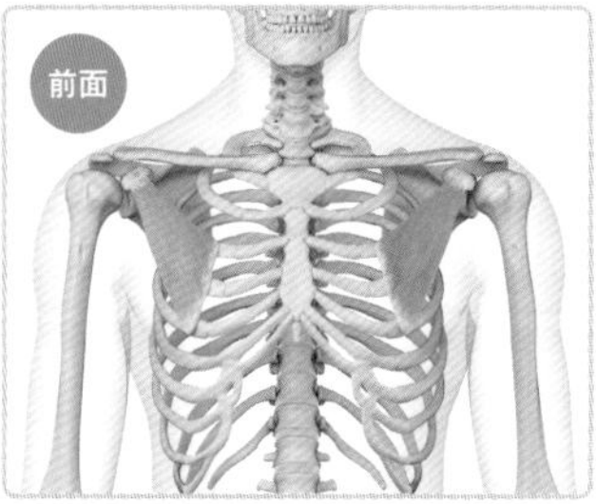

小胸筋(しょうきょうきん)

大胸筋の深層にある。前に腕を伸ばすような動作で働く。

強度 ★☆☆

シャドーボクシング

回数 ▪30秒 ▪2〜3セット

ポイント 伸ばすより速く引くことを意識する。

1 シャドーボクシングをする

その場でかるく足を動かしながらシャドーボクシングをする。カラダの軸と、腕をすばやく引くことを意識して連続しておこなう。

強度 ★★☆

チューブシャドーボクシング

回数 ▪30秒　▪2～3セット

ポイント カラダの軸を意識しながらおこなう。

1 チューブを握ってシャドーボクシング

背中に回したチューブを両手で握りシャドーボクシングをおこなう。チューブの負荷はかるめのものがよい。前鋸筋をスムーズに動かせるようになろう。

強度 ★★★

ペットボトルリフト

回数 ▪20回　▪2〜3セット

ポイント 小さい動作だが正確におこなう。

1 ペットボトルを握り仰向けになる

500mℓのペットボトルを両手で持ち、肩を床につけたまま上に伸ばす。

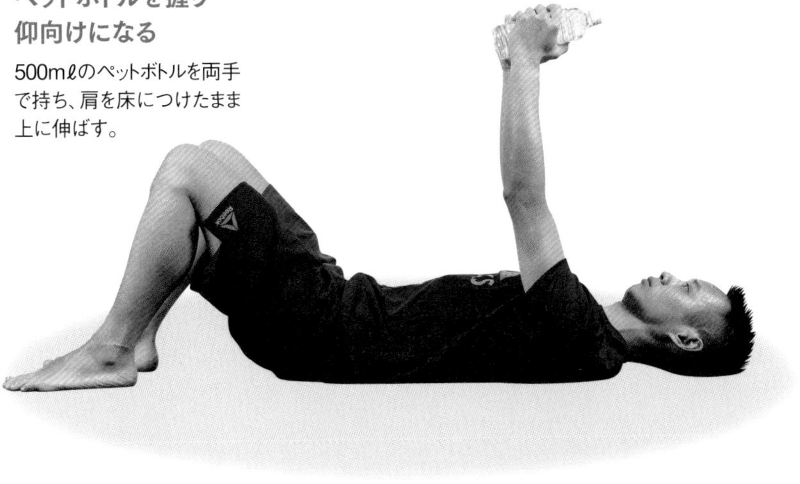

2 肩を床から離す

両手をさらに上げて肩を床から離す。動作は小さくてよいが正確におこなう。

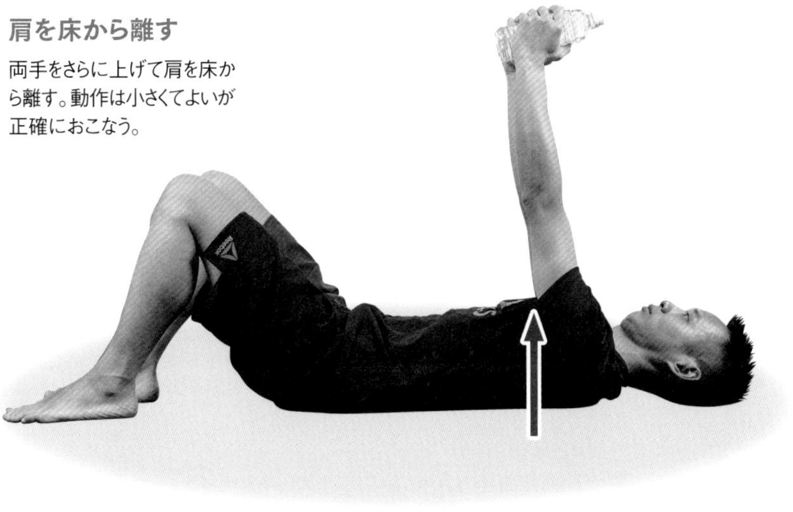

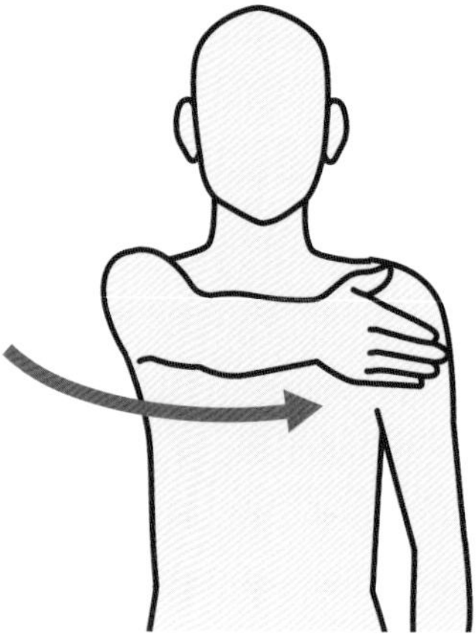

バッティングにおける主な関節動作⑨

肩関節の水平屈曲

肩関節を内側へ水平に閉じるような動作。振り出し時の捕手側の肩関節がそれに当たり、肩甲骨の外転と併せておこなわれる。押し腕でボールを押し込むには、この大胸筋や三角筋（前部）の働きが重要になる。

【ターゲットとなる主な筋肉】

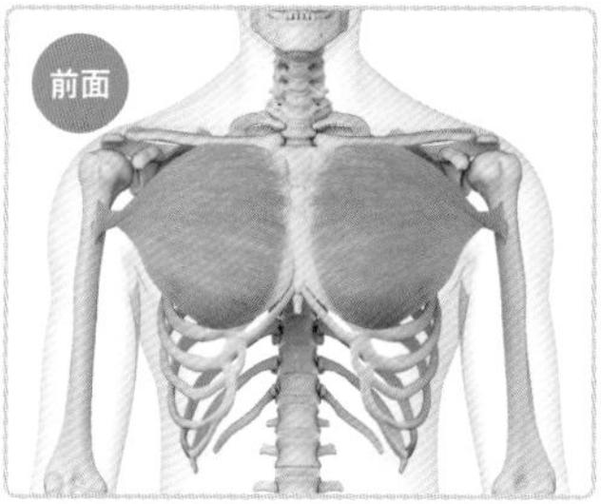

大胸筋（だいきょうきん）

胸にある大きな筋肉。肩関節の水平屈曲だけでなく体幹の安定などにも貢献している。

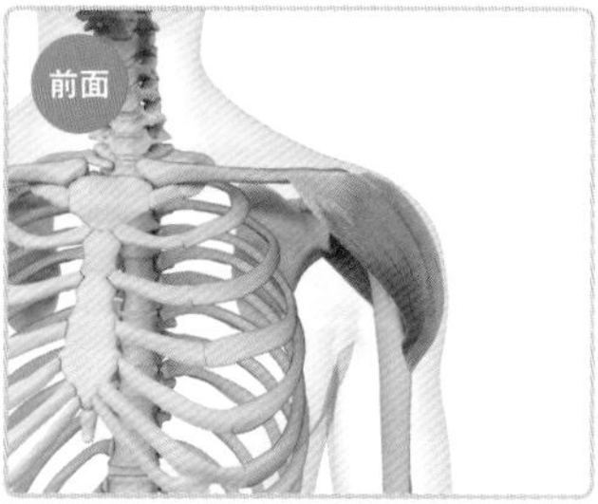

三角筋［前部］（さんかくきん）

肩を覆う筋肉。前部は大胸筋と協調して腕を押すような動作で働く。

強度 ★☆☆

ワイドプッシュアップ

回数 ▪30回 ▪2～3セット

ポイント 腰を下げずに肩から足まで一直線をキープ。

1 両手を大きく開く

腕立て伏せの姿勢になり、両手の幅を肩幅より広くとる。

2 胸を床に近づける

腰から下がらないように腹筋に力を入れながら、胸を床に近づけていく。

強度 ★★☆

フロアプレス

回数 ▪20回　▪2～3セット

ポイント 肩関節から上げる意識でおこなう。

1 仰向けになり両手でダンベルを持つ

ヒジを直角に曲げて自分の筋力に見合ったダンベルを持つ。

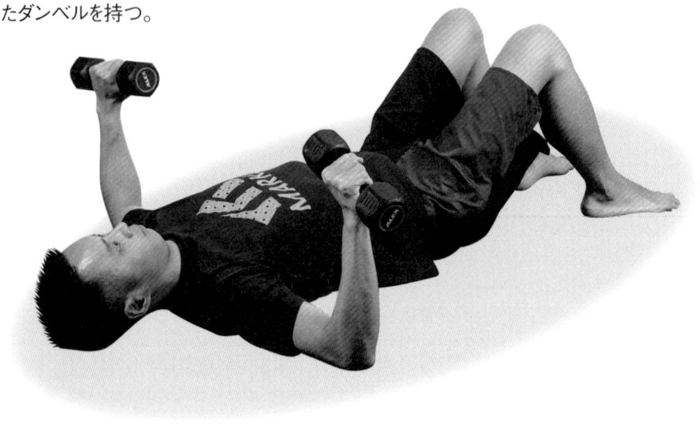

2 肩からまっすぐ上げる

ダンベルを肩からまっすぐ上げる。肩関節を安定させる意識をもっておこなう。

強度 ★★★

ディップス

回数 ▪10回 ▪2～3セット

ポイント 胸や肩への負荷を感じながらおこなう。

1 イスに手をつき足を伸ばす

背中側にイスを置き、そこに両手をつく。床にはかかとをつける。

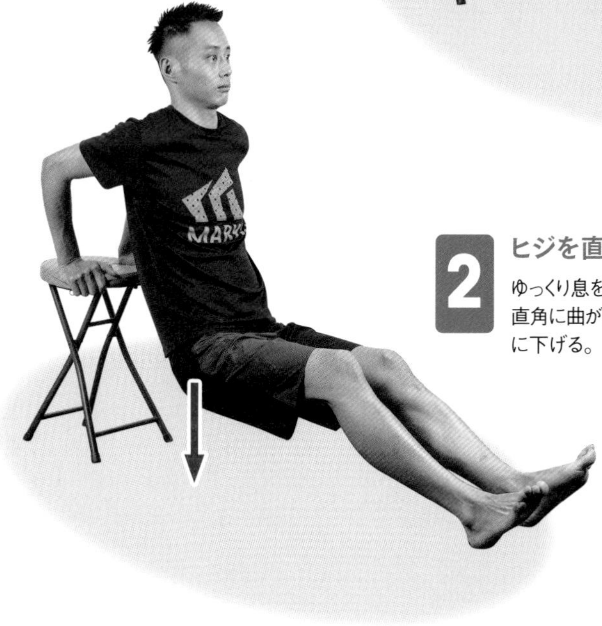

2 ヒジを直角に曲げる

ゆっくり息を吐きながらヒジが直角に曲がるまでお尻を真下に下げる。

監修

平野裕一
（ひらのゆういち）
法政大学スポーツ健康学部
スポーツ健康学科教授

東京大学硬式野球部監督、同大学教育学部助教授、国立スポーツ科学センター 副センター長を経て、現職に至る。野球を中心とした競技スポーツのバイオメカニクスとトレーニング科学を専門としている。

STAFF

制作
BeU合同会社
デザイン
三國創市
撮影
志賀由佳
長尾亜紀
撮影協力
東芝硬式野球部
企画編集
成美堂出版編集部
（原田洋介・池田秀之）

バッティング 完全版

監　修　平《ひら》野《の》裕《ゆう》一《いち》

発行者　深見公子

発行所　成美堂出版
〒162-8445　東京都新宿区新小川町1-7
電話(03)5206-8151 FAX(03)5206-8159

印　刷　広研印刷株式会社

ISBN978-4-415-33258-1
落丁･乱丁などの不良本はお取り替えします
定価はカバーに表示してあります